Hans Klein
Beratungsgespräche
mit Angehörigen
von Alkoholabhängigen

„Der Alkoholiker und sein Partner sind in der Regel stärker miteinander verzahnt, als wir glauben: Beide haben sich gesucht und gefunden, entsprechen einander, spielen sich perfekt in die Hände, sind ungewollt zu Komplizen geworden und brauchen einander ...

Zum Symptomträger gehört ein Symptompfleger, zum Hilflosen ein Helfer und zum Leidenden ein Leidenspfleger ...

Die Ziele und Wünsche zweier Menschen entsprechen sich. Zwei Ergänzungssysteme kooperieren: Ein Spender und ein Empfänger, ein Passiver und ein Aktiver, ein Regressiver und ein Dominanter, ein Verwöhnter und ein Verwöhnender, ein Selbstsüchtiger und ein Selbstloser."

Reinhold Ruthe in „Alkohol in Ehe und Familie"

Hans Klein

Beratungsgespräche mit Angehörigen von Alkoholabhängigen

Wie Angehörige sinnvoll helfen können

Blaukreuz-Verlag Wuppertal
Blaukreuz-Verlag Bern

Der Verfasser Hans Klein, Jahrgang 1936, ist als Diakon seit 1961 im sozialen Bereich tätig. Sechs Jahre arbeitete er mit Nichtseßhaften in Stuttgart, seit 1969 ist er beim Diakonischen Werk der Pfalz in der Alkoholambulanz in Landau tätig und seit 1971 Mitglied des Blauen Kreuzes in Deutschland. Durch aktive Mitarbeit im Freundeskreis und in der Landauer Blaukreuz-Gruppe gewann er gründlichen Einblick in die gesamte Suchtproblematik.

Die Deutsche Bibliothek – CIP-Einheitsaufnahme

Beratungsgespräche mit Angehörigen von Alkoholabhängigen :
wie Angehörige sinnvoll helfen können / Hans Klein. – 3. Aufl.
– Wuppertal : Blaukreuz-Verl. ; Bern : Blaukreuz-Verl., 1993
   ISBN 3-89175-063-3 (Wuppertal) kart.
   ISBN 3-85580-272-6 (Bern) kart.
NE: Klein, Hans [Hrsg.]

Umschlaggestaltung: Eberhard Platte
Fotosatz: Blaukreuz-Verlag Wuppertal
Druck und Herstellung: St. Johannis-Druckerei, Lahr

ISBN 3 89175 063 3 Blaukreuz-Verlag Wuppertal
ISBN 3 85580 272 6 Blaukreuz-Verlag Bern

Inhalt

Vorwort

Die Gespräche mit Angehörigen haben in der hier dargestellten Form nicht stattgefunden. In der Regel kommen Angehörige mit sehr viel innerem Druck und Not, und die Probleme sprudeln nur so heraus. Die Probleme sind zwar durch die persönlichen Verhältnisse gefärbt, aber in fast allen Gesprächen tauchen immer wieder die gleichen Problemkreise auf.

Bei den hier dargestellten Gesprächen handelt es sich um Gesprächsausschnitte. Ziel ist, jeweils ein Problemfeld herauszuarbeiten und zu beantworten. Allerdings lassen sich die einzelnen Problemfelder nicht säuberlich trennen, so daß es zu Überschneidungen kommt. Es kann aber auch ein Gewinn sein, ein Problem in anderem Zusammenhang nochmals mit anderen Worten erklärt zu bekommen. Oft wird es erst dadurch völlig begriffen.

Die Überschriften sind so formuliert, daß man schnell das Hauptproblem des nachfolgenden Gesprächs auffindet. Das ausführliche Stichwortverzeichnis auf den letzten Seiten gibt zusätzlich Aufschluß über die Gesprächsinhalte; seine verfeinerte Gliederung erleichtert auch das gezielte Arbeiten mit diesem Buch für den einzelnen oder in der Gruppe.

Auch wenn dieses Buch nicht vollständig sein kann, so sind doch die wesentlichen Fragenkreise im Zusammenhang mit dem Alkoholismus des Partners dargestellt.

Gedacht sind die Gespräche in erster Linie für Angehörige, die von dem Problem noch akut betroffen sind. Sie sollen hier erste Hilfe finden, die es ihnen ermöglichen kann, mit dem Problem Alkoholismus besser umzugehen. Die Gespräche sollen Mut machen, eine Gruppe oder eine Beratungsstelle aufzusuchen. Alkoholismus muß keine Familienkatastrophe sein, wenn man lernt, sachgerecht damit umzugehen.

Doch auch Angehörige mit bereits „trocken" gewordenen Partnern können besser verstehen lernen, was in der Vergangenheit abgelaufen ist, und dadurch bessere Vergangenheitsbewältigung betreiben.

Nicht zuletzt kann das Buch auch dem Alkoholkranken helfen, das Ergehen seines Partners besser zu verstehen. Vielleicht kann es ihn dazu motivieren, schneller etwas gegen seine Krankheit zu unternehmen.

Hans Klein

Vorwort zur 2. Auflage

Das Buch hat einen für mich überraschend guten Anklang beim Leser gefunden, so daß eine weitere Auflage erforderlich wurde.

Diese Gelegenheit habe ich dazu benutzt, einige Unebenheiten im Text zu beseitigen, vor allem aber, weitere Gespräche einzufügen. Obwohl ich bei der ersten Auflage der Meinung war, alle wesentlichen Fragen aufgegriffen zu haben, tauchten in der Beratungssituation mit Angehörigen immer wieder neue wichtige Fragen auf. Ich hoffe, daß die weiteren Gespräche eine fruchtbare Ergänzung sind und dazu beitragen, Angehörigen noch mehr Klarheit in dem schwierigen Umgang mit einem alkoholkranken Partner zu verschaffen. Damit kann es zu einer besseren helfenden Haltung dem suchtkranken Partner gegenüber kommen.

Landau, im Mai 1990   *Hans Klein*

Bitte sagen Sie aber meinem Mann nicht, daß ich bei Ihnen war

„... mein Mann wird immer gleich so aggressiv, wenn ich etwas wegen seines Trinkens zu ihm sage. Könnten Sie nicht einmal mit ihm reden? Bitte sagen Sie ihm aber nicht, daß ich bei Ihnen war, sonst kriege ich wieder Krach."

„Selbstverständlich bin ich gerne bereit, mit Ihrem Mann zu reden, aber nur, wenn er damit einverstanden ist. Dazu wäre es aber nötig, daß Sie ihn vorher fragen, ob er das überhaupt will. Vielleicht möchte er das gar nicht."

„Das kann ich nicht. Dann schreit er gleich wieder mit mir herum und wirft mir vor, daß ich hinter seinem Rücken zu Ihnen gekommen bin. Er weiß nämlich nicht, wo ich bin. Ich habe ihm gesagt, ich müsse in die Stadt und etwas besorgen. Können Sie es nicht auch anders machen?"

„Es geht nicht darum, ob ich es anders machen kann, sondern darum, daß es ‚hintenherum', wie Sie es formulieren, zu nichts führt. Auf andere Weise müßte ich in irgendeiner Form Ihren Mann täuschen. Und das ist keine gute Ausgangsposition, wenn ich ihm helfen soll. Denn er wird letzten Endes nur einem Helfer vertrauen, dem er auch trauen kann und der ihn nicht täuscht."

„So wird er nicht dazu bereit sein. Das weiß ich. Dann passiert gar nichts. Aber es muß ihm doch geholfen werden, man kann ihn doch nicht dauernd weitertrinken lassen."

„Ich bin mit Ihnen einer Meinung, daß man ihn nicht einfach weitertrinken lassen sollte. Aber ich weiß, daß so, wie Sie es sich vorstellen, ihm nicht geholfen werden kann. Versuchen Sie es sich doch einmal vorzustellen, wie es auf Ihren Mann wirken wird, wenn ich ihn einfach besuche und mit ihm rede, obwohl er das gar nicht will. Aus Erfahrung weiß ich, daß Alkoholkranke dann entweder sehr höflich sind, unverbindlich zuhören oder aber das Gespräch immer wieder ablenken. Oder sie schweigen. Alkoholkranke kommen sich so überfallen und genötigt vor in ihrer eigenen

Wohnung. Und sie schämen sich furchtbar, weil es jetzt schon so weit gekommen ist, daß sie von der ‚Fürsorge' aufgesucht werden. Ihr Mann wird anschließend höchstwahrscheinlich aggressiv reagieren und auch vermuten, daß Sie dahinterstecken. Dann haben Sie den Streit doch – und zudem wird Ihr Mann mit dem Helfer, der ihn so in Verlegenheit gebracht hat, nichts mehr zu tun haben wollen."

„Aber wie kann man ihm dann helfen?"

„Nur so, indem man ihn nicht von vornherein zum Objekt der Hilfe macht, sondern ihm die Möglichkeit läßt, für sich selbst zu entscheiden. Denn wenn Aussicht bestehen soll, daß er vom Alkohol loskommt, dann muß die Entscheidung, sich helfen zu lassen, schon von ihm selbst kommen. Er muß Hilfe wollen, sonst sind alle Bemühungen zwecklos."

„Aber das will er doch gar nicht. Er lehnt alles ab. Wie soll es denn nun weitergehen? Wenn Sie nichts tun, dann weiß ich mir auch nicht mehr zu helfen."

„So sehr Sie Angst davor haben: es geht nur, wenn Sie auch etwas tun. Wenn Sie als Angehörige nicht mitwirken, wird Ihr Mann nicht aufhören zu trinken. Denn solange Sie ihm nicht ganz klar und deutlich zu verstehen geben, daß Sie nicht mehr gewillt sind, sein Trinken einfach hinzunehmen, solange wird er nicht erkennen können, daß nun ein Punkt erreicht ist, wo Sie nicht mehr mitmachen und daß das Folgen für ihn haben wird. Woran soll er denn erkennen, daß sein Trinken schlimm ist, wenn nicht an der Reaktion seiner Familie? Solange diese noch funktioniert und nicht reagiert, kann es doch mit seinem Trinken nicht so schlimm sein. Solange Sie nichts sagen, muß es ja noch normal sein. So jedenfalls sieht es Ihr Mann. Sie kommen nicht darum herum: Wenn Sie wollen, daß sich bei Ihrem Mann etwas ändert, müssen auch Sie sich ändern. Das heißt: dann müssen Sie anfangen, ihm deutlich zu machen, daß Sie mit seinem Trinken nicht mehr einverstanden sind. Anders geht es nicht."

„So habe ich es bis jetzt noch nicht gesehen. Ich habe gedacht, daß Sie viel mehr Möglichkeiten haben, mit ihm zu reden."

„Ich möchte es Ihnen auf andere Weise verdeutlichen. Durch das Trinken ist nicht nur Ihr Mann krank geworden, sondern indirekt Sie mit, indem Sie sich angewöhnt haben, sich falsch zu verhalten.

Durch dieses falsche Verhalten kommt es zu einem perfekten Zusammenspiel zwischen Ihnen und Ihrem Mann: Er trinkt und schimpft, und Sie schweigen und dulden. Und gerade darum, weil dieses Spiel so gut funktioniert, darum ändert sich nichts – auch dann nicht, wenn ich dazwischenkäme. Denn mein Dazwischenkommen würde das Spiel höchstens kurze Zeit stören, aber nicht ändern. Ändern kann es nur einer der beiden Spieler. Und da Ihr Mann es nicht ändern will – warum sollte er auch, es klappt doch –, können nur Sie es sein, die die Spielregeln ändert. Wenn Sie endlich aufhören mitzuspielen, kommt es auf jeden Fall zu einem Erfolg in Form einer Änderung Ihrer Beziehung. Denn dann klappt das unheilvolle Zusammenspiel nicht mehr. Ihr Mann muß sich dann etwas Neues einfallen lassen. Er kann nicht mehr so weitermachen wie bisher."

„Wie soll das aussehen, daß ich nicht mehr mitspiele?"

„Das könnte so aussehen, wie ich Ihnen schon angedeutet habe: daß Sie aufhören, das Trinken Ihres Mannes zu dulden, und ihm unmißverständlich klarmachen, daß Sie so nicht mehr weiterleben wollen. Das erfordert aber, daß Sie endlich Ihre Angst vor seinem Schreien überwinden und mit ihm darüber reden. Natürlich nicht gerade dann, wenn er betrunken ist. Das nützt nichts und macht ihn nur stark. Aber er hat ja auch Zeiten, wo er nüchtern und ansprechbar ist. Sie können zu regelmäßigen Gesprächen hierher kommen und in diesen Gesprächen lernen, wie Sie Ihr Verhalten ihm gegenüber ändern können. Und Sie können zu unserer Blaukreuz-Gruppe kommen, wo Sie sich mit anderen Angehörigen und auch mit Alkoholikern, die schon lange nicht mehr trinken, unterhalten können. Dabei werden Sie eine ganze Menge Hilfestellung erhalten, die es Ihnen ermöglichen wird, nicht länger die Dulderin zu spielen. Wichtig ist, daß Ihr Mann davon weiß. Das wird ihn nicht gleichgültig lassen. Es könnte zu einer guten Motivation für ihn werden, endlich auch etwas zu tun."

„Schön wär's. Ich kann es noch gar nicht glauben, daß es so gehen kann."

„Versuchen Sie es einfach einmal. Ihre Verhaltensänderung wird Ihren Mann praktisch zwingen, auch aktiv zu werden. Und damit wären wir bei noch einem Punkt, der Sie vielleicht vollends überzeugen kann. Der Alkoholkranke geht immer gerne den Weg des geringsten Widerstandes, man könnte auch sagen, den bequemsten Weg. Wenn ich Ihren Mann besuchen würde, könnte es durchaus gelingen, daß es zu einem positiven Gespräch mit ihm kommt. Aber: er hat sich darum nicht bemühen müssen. Er hat es frei Haus geliefert bekommen. Also wird er darauf warten, daß es immer so weitergeht, vielleicht bessert sich sein Trinkverhalten dadurch sogar. Und damit hat er keinen Grund mehr, ganz aufzuhören. Wenn ein wesentlicher Teil der Krankheit Alkoholismus die Bequemlichkeit ist, den Weg des geringsten Widerstandes zu gehen, dann kann der Alkoholkranke nur gesunden, wenn er genau das Gegenteil lernt, nämlich endlich die Mühe seines Lebens auf sich zu nehmen. Sehen Sie: so wie Sie sich ändern müssen, damit es zu einer Änderung kommt, so muß sich auch Ihr Mann ändern. Er muß etwas tun, er muß selber aktiv werden. Und das beginnt damit, daß er sich wenigstens dafür entscheidet, sich einmal beraten zu lassen. Wenn er aber soweit ist, wird er auch bereit sein, in die Beratungsstelle zu kommen. Am besten ist, Sie fangen an, Ihr Verhalten zu ändern. Vielleicht zieht Ihr Mann nach."

Ist mein Mann ein Alkoholiker?

„Ich habe gedacht, ich muß doch einmal mit Ihnen reden, denn mein Mann macht mir in letzter Zeit immer mehr Sorgen. Sagen Sie mal, ab wann ist man denn Alkoholiker?"

„Diese Frage ist nicht leicht zu beantworten, und wenn ich Ihnen eine theoretische Antwort darauf gebe, wird Sie diese sicher auch nicht befriedigen."

„Wieso, ist man denn nicht Alkoholiker, wenn man viel trinkt?"

„Nein, so einfach ist es nicht. Ein Alkoholkranker trinkt zwar in der Regel viel, aber das ist mehr eine Folge der Alkoholkrankheit als ein Kennzeichen dafür. Am Anfang der Krankheit Alkoholismus trinkt ein Alkoholkranker unter Umständen weniger als die Allgemeinheit."

„Ja, woran merkt man dann, daß jemand alkoholkrank ist?"

„Man merkt es weniger an der Menge seines Trinkens, sondern eher am Motiv seines Trinkens. Das heißt, ein Alkoholkranker trinkt nicht mehr ‚normal', so wie andere, aus geselligen Gründen oder eben zum Essen oder einfach aus Durst. Ein Alkoholkranker trinkt, weil er die Wirkung des Alkohols braucht, ohne die er meint, nicht mehr richtig leben zu können."

„Sie meinen, er trinkt, um besser aufgelegt zu sein und unternehmungslustig zu werden?"

„So könnte man sagen, wenn damit auch noch nicht alle Zustände beschrieben sind, warum ein Alkoholkranker trinkt."

„Aber wenn man es so sieht, dann glaube ich, daß mein Mann Alkoholiker ist. Wenn der keinen Alkohol hat, dann ist er unruhig und gereizt. Dann weiß er nichts mit sich anzufangen. Und in Gesellschaft ist er ein richtiger Muffel. Der sitzt da und bringt kein Wort heraus. Aber sowie er getrunken hat, kommt er in Stimmung und ist nicht wiederzuerkennen. Er wird dann oft so ausfällig, daß ich mich direkt schäme. In letzter Zeit gehe ich gar nicht mehr so gern mit ihm aus. – Wenn ich darüber nachdenke, was Sie gesagt haben, dann glaube ich, daß er Alkohol braucht, um aus sich herausgehen zu können. Und Sie meinen, daß er dann Alkoholiker ist?"

„Das kommt darauf an, wie Sie es sehen wollen. Vielleicht ist er es noch nicht, ist aber auf dem Weg dazu. Wenn er so, wie Sie es geschildert haben, weitertrinkt, wird er es sicher. Denn auf diese Weise lernt er nicht, aus sich selbst heraus in Schwung zu kommen, sondern gewöhnt sich immer mehr daran, dies nur mit Hilfe von Alkohol zu können, und macht sich damit immer mehr vom Alkohol abhängig. Und da sich mit der Zeit sein Körper an Alkohol gewöhnt, braucht er immer mehr, um in Schwung zu kommen. Und dabei kommt es dann immer häufiger vor, daß er auch betrunken wird."

„Ja, da haben Sie recht. Das ist bei ihm bestimmt so. Früher hat er viel weniger getrunken als heute. Und früher war er auch nicht so oft betrunken. Da war er nur lustig, und das war eigentlich ganz nett. Und wenn es dabei geblieben wäre, hätte ich auch gar nichts dagegen. – Aber Sie machen mir angst. Sie haben vorhin gesagt, das wäre noch nicht alles. Wie geht es denn weiter?"

„Mit dem ‚noch nicht alles' habe ich zwar gemeint, daß es noch mehr Gründe gibt, warum ein Alkoholkranker trinkt. Aber ich sage Ihnen auch gerne, wie es weitergeht. Irgendwann wird der Alkoholkranke anfangen wollen, sich wieder mit seinem Trinken unter Kontrolle zu bekommen, und dabei die Beobachtung machen, daß ihm das nicht mehr gelingt."

„Sie meinen, er versucht, nicht mehr so viel zu trinken, und tut es dann doch wieder?"

„Ja."

„Das hat mein Mann auch schon gemacht. Er hat mir auch schon versprochen, gar nichts mehr zu trinken, aber dann hat er es doch nicht gehalten. Und dabei habe ich es ihm jedesmal geglaubt."

„Ich nehme an, daß Ihr Mann es in dem Moment, wo er es versprochen hat, auch ehrlich gemeint hat. Aber im Grunde konnte er sein Versprechen gar nicht halten, denn so, wie Sie ihn jetzt geschildert haben, ist ziemlich sicher, daß er schon alkoholkrank ist. Denn die Unfähigkeit, sich in bezug auf das Trinken noch kontrolliert verhalten zu können, ist ein sicheres Kennzeichen dafür, daß er süchtig trinkt. Und gleichzeitig zeigt dieses Symptom an, daß er bereits in der kritischen Krankheitsphase ist. Und das heißt: Ihr Mann mag zwar den ehrlichen Wunsch haben, nichts mehr oder nicht mehr so viel zu trinken, und verspricht das dann auch ehrlich. Aber das Verlangen nach Alkohol in ihm ist stärker als dieser Wunsch. Und das bringt ihn dahin, daß er doch wieder trinken muß."

„Ich habe es mir fast gedacht, daß er krank ist. Denn so, wie der seit längerer Zeit trinkt, kann das nicht mehr normal sein. – Aber was soll ich denn nun machen?"

„Sie können im Grunde gar nichts machen. Es wäre wichtig, daß Ihr Mann etwas macht. Wenn er zur Beratung kommt und eventuell in eine Therapie einwilligt, hat er eine gute Chance, vom Alkohol loszukommen. Vielleicht reicht es bei ihm sogar aus, wenn er sich einfach einer Abstinenzgruppe anschließt. Bei uns im Blauen Kreuz beispielsweise sind eine Menge Leute, die schon seit vielen Jahren keinen Schluck Alkohol mehr trinken und dabei ein zufriedenes Leben führen."

„Das glaube ich nicht, daß er das macht. Der geht nicht fort, und in eine solche Gruppe schon gar nicht. Wenn ich ihn wegen seines Trinkens anspreche, sagt er immer bloß, das sei doch nicht schlimm, andere würden viel mehr trinken, und ich solle nicht immer an ihm herumnörgeln. Manchmal wird er richtig böse dabei. Könnten Sie nicht einmal mit ihm sprechen?"

„Das will ich gerne tun, wenn er dazu bereit ist. Fragen Sie ihn doch einmal."

„Ich glaube, das hilft nicht viel. Der wird ablehnen."

„Versuchen Sie es trotzdem noch einmal. Wichtig wird sein, daß Sie ihm klarmachen, daß er sich völlig unverbindlich beraten lassen kann und daß niemand ihn zwingt ,fortzugehen'. Es geht nur darum, daß er einmal genauer sieht, wie es um ihn steht und welche Möglichkeiten er hat, mit seinem Trinken wieder klarzukommen. Erst wenn er auf dieses Angebot nicht eingeht, sollten wir uns weiter unterhalten."

Was kann ich denn tun? Mein Mann lehnt alles ab und sagt, er sei kein Alkoholiker

„Ihren Worten habe ich entnommen, für Sie wäre es sehr wichtig, daß Ihr Mann aufhört zu trinken, daß er aber gar nicht daran denkt, gegen sein Trinken etwas zu unternehmen, und auch nicht bereit ist zuzugeben, daß er alkoholkrank ist."

„Ja, genauso ist es. Er hält mir vor, er habe sich erkundigt, und man habe ihm gesagt, er sei gar kein Alkoholiker. Nur ich würde das immer wieder behaupten."

„Ja, ich kenne das, dieses Argument wird immer wieder vorgeschoben. Das Problem ist, daß im Grunde Sie gar nichts tun können, sondern nur Ihr Mann. Aber so ganz stimmt das auch nicht. Natürlich können Sie nicht für Ihren Mann aufhören zu trinken. Das kann nur er selbst. Aber Sie können dazu beitragen, daß er schneller aufhören will. Und das fängt damit an, daß Sie aufhören, sich um das Problem herumzudrücken. Ihr Mann muß merken, daß sein Trinken zum mindesten Ihnen nicht mehr gleichgültig ist, sondern daß Sie daran leiden."

„Aber wie soll ich das denn machen?"

„Zum Beispiel, indem Sie ganz offen mit ihm darüber reden, daß Sie hier in der Beratungsstelle waren und Hilfe gesucht haben. Durch das Trinken Ihres Mannes ist doch schließlich die ganze Familie betroffen. Solange die Familie stillhält und sich nicht entschieden gegen die Trinkerei auflehnt, kann der Alkoholkranke ja auch nicht erkennen, daß sein Trinken schlimm sein soll. Denn er trinkt ja, um sich wohler zu fühlen. Und solange er sich durch Trinken noch wohler fühlt, hat er keinerlei Veranlassung, daran etwas zu ändern. Die paar negativen Begleiterscheinungen seines Trinkens stören ihn zwar, aber solange er in seiner alkoholisierten Hochstimmung ist, wird er spielend damit fertig. Erst wenn Sie ihm deutlich zum Bewußtsein bringen, daß Sie sein Trinken nicht mehr tolerieren, wird er anfangen, anders über sein Trinken zu denken. Solange Sie sich sein Trinken noch gefallen lassen, gefällt es ihm erst recht. Darum ist es wichtig, daß Sie mit offenen Karten spielen und ihm sagen, was Sie unternommen haben."

„Ich glaube schon, es ist richtig, was Sie sagen, aber ich habe einfach Angst davor. Er wird dann fuchsteufelswild und schreit herum."

„Ich kann mir vorstellen, wie unangenehm das für Sie ist, aber ich weiß keinen anderen Weg. Es muß einfach einmal Klarheit zwischen Ihnen geschaffen werden, denn sonst geht nichts weiter. Das heißt, das Trinken Ihres Mannes geht schon weiter und damit auch Ihr Leiden. Sie können sicher sein, daß das Trinken Ihres Mannes nicht so bleibt, wie es jetzt ist. Es wird mit der Zeit immer schlimmer werden. Und die Zustände in der Familie damit auch. Wenn Sie das bedenken, ist es sicher leichter, Sie schaffen jetzt gleich Klarheit und geben Ihrem Mann zu verstehen, daß Sie mit seinem Trinken nicht mehr einverstanden sind."

„Und wie soll's dann weitergehen?"

„Damit, daß Sie diesen eingeschlagenen Weg nicht mehr verlassen und Ihrem Mann immer und immer wieder zu verstehen geben, daß Sie so nicht mehr weitermachen wollen. Und dringen Sie darauf, daß er zum mindesten damit einverstanden ist, sich einmal wegen seines Trinkens beraten zu lassen. Wenn es dazu kommt, ist das Eis gebrochen, und er wird höchstwahrscheinlich irgendwann einmal zu einer Behandlung kommen. Natürlich wird er nicht gleich zu allem ja sagen, aber er wird anfangen, sein Trinken mit anderen Augen zu sehen und nachdenklicher werden. Zunächst wird er sicher auch hier den bequemsten Weg gehen wollen und höchstens bereit werden, einmal eine Abstinenzgruppe aufzusuchen. Wichtig ist es hierbei übrigens, ihn hierzu zu ermutigen, indem Sie ihm anbieten, ihn zu begleiten. Mit der Zeit wird er immer besser begreifen, daß er krank ist und wohl auch, daß er es nicht alleine schafft, vom Alkohol loszukommen. Dort lernt er auch viele kennen, die es geschafft haben. Und irgendwann wird auch er vom Alkohol loskommen wollen."

„Das hört sich ja alles ganz schön an, aber ich kann einfach nicht glauben, daß es auch bei uns so geht."

„Ich weiß von vielen Familien, wo es so oder so ähnlich gegangen ist, und möchte Ihnen einfach damit Mut machen, nicht zu resignieren, sondern wirklich den Kampf aufzunehmen und nicht mehr im alten Trott weiterzumachen. Sie werden ganz sicher erleben, daß sich etwas ändert, wenn Sie Ihr Verhalten im besprochenen Sinn ändern."

„Und wenn er sich trotzdem stur stellt und nicht aufhört und auch nicht zur Beratung kommt?"

„Dann ist es eine neue Situation, über die wir dann sprechen sollten, wenn es tatsächlich so kommt. Zunächst sollten Sie einfach einmal ausprobieren, ob es nicht zu einer Änderung bei Ihrem Mann führt, wenn Sie sich konsequent gegen sein Trinkverhalten stellen. Wenn es sich tatsächlich so verhält, wie Sie befürchten, dann müßten Sie größere Geschütze auffahren, und dann wird es auch notwendig sein, daß Sie zu stärkeren Konsequenzen bereit sind."

„Sie meinen, daß ich mich dann scheiden lassen müßte?"

„Nein, das meine ich nicht. Scheidung kann nur die allerletzte Konsequenz sein, wenn alles andere nicht mehr hilft und das Zusammenleben mit dem Alkoholkranken für die ganze Familie unerträglich wird. Davor gibt es aber schon noch andere Möglichkeiten, die den Alkoholkranken umstimmen und zu einer Behandlung motivieren können. Doch wie gesagt, darüber sollten wir erst reden, wenn es wirklich dazu kommen sollte."

Ich habe versucht, mich nicht mehr um sein Trinken zu kümmern, aber es geht nicht

„Sie haben mir gesagt, ich soll mich nicht gleich scheiden lassen, sondern es anders probieren. Also habe ich es probiert. Ich habe ihn trinken lassen, ich habe ihm gesagt, daß mir das Leben mit einem Alkoholiker nicht paßt und daß ich möchte, daß er in Behandlung geht und sich von Ihnen beraten läßt. Es hat alles nichts genützt. Der denkt nicht daran aufzuhören. Ich glaube, ich lasse mich jetzt doch scheiden."

„Ich nehme an, daß Sie das noch nicht ernsthaft vorhaben, sonst wären Sie sicher nicht hier."

„Können Sie mir sagen, was ich noch machen kann?"

„Sie haben schon noch einige Möglichkeiten, die Sie vorher ausprobieren können."

„Und welche wären das?"

„Zum Beispiel, daß Sie sich von Ihrem Mann scheiden, ohne sich von ihm zu trennen."

„Wie meinen Sie das?"

„Ich meine, daß Sie sich innerlich, gefühlsmäßig von ihm scheiden können, indem Sie sich nicht mehr um ihn kümmern, ihn links liegen lassen, ihn in der Familie isolieren und Sie Ihre eigenen Wege gehen. Sagen Sie ihm dabei ruhig, daß Sie das tun, weil Sie sein Trinken nicht mehr ertragen können und Sie keinen anderen Ausweg sehen. Stellen Sie ihn ruhig vor die Alternative: entweder bist du mit der Flasche oder mit mir verheiratet. Mit beiden geht's nicht mehr. Du mußt dich entscheiden."

„Ich glaube nicht, daß das geht. Ich habe nämlich schon versucht, ihn zu ignorieren. Das hat nichts genützt."

„Wie lange haben Sie es versucht?"

„Zwei oder drei Tage lang. Dann habe ich das nicht mehr ausgehalten. Ich kann ihm doch in der Wohnung nicht aus dem Weg gehen. Wenn der merkt, daß ich mache, was ich will und mich nicht mehr um ihn kümmere, dann schlägt er Krach."

„Das Problem dabei ist sicher, daß Ihr Mann ein größeres Durchhaltevermögen hat als Sie, weil er trinkt. Er überbrückt solche Tage eben durch Trinken. Und Ihr Wiederaufgeben macht ihn sicher, daß es für ihn nicht ernst wird. Solches Verhalten kann nur zum Ziel führen, wenn Sie es konsequent durchhalten, das heißt, wenn Sie ihn nicht nur zwei, drei Tage links liegen lassen, sondern immer. Wenn er dadurch begreifen muß, daß er sich wirklich zwischen Ihnen und seinem Trinken entscheiden muß."

„Was Sie sagen, leuchtet mir ja schon ein, aber ich weiß nicht, wie ich das schaffen soll. Wenn mein Mann getrunken hat und dann Krach macht, ist das furchtbar."

„Ich weiß, daß es nicht leicht ist. Aber vielleicht haben Sie die Möglichkeit, wenn es ganz schlimm wird, ihn einfach einmal für ein paar Tage zu verlassen. Dann kommen Sie und Ihre Kinder wieder zur Ruhe, und Ihrem Mann wird das ganz schön zu denken geben. Denn wenn er auch nicht bereit ist, sich zu ändern, so wird er Sie und die Kinder doch nicht verlieren wollen."

„Aber ich weiß nicht, wo ich hingehen könnte."

„Wenn es Ihnen ernst ist, werden Sie schon etwas finden. Oft kann man bei Verwandten oder Bekannten kurze Zeit unterkommen. Wenn gar nichts geht, dann mieten Sie sich in einer Gaststätte ein. Vielleicht läßt sich auch in einem Frauenhaus etwas finden, wo Sie vorübergehend bleiben können. Es ist nur wichtig, daß Sie sich seinen Aggressionen entziehen und Ihr Mann merkt, daß es Ihnen ernst ist."

„Ja, ich glaube, ich weiß doch, wo ich einmal kurze Zeit unterkommen könnte, aber dann geht ja zu Hause alles drunter und drüber. Was glauben Sie, wie es dann da aussieht! Ich kann mir schon vorstellen, daß er zuerst tobt und brüllt. Und dann wird er erst recht trinken. Und dann bekommt er Ärger mit den anderen Hausbewohnern, weil er mit diesen auch immer Streit anfängt. Und zum Schluß holt ihn die Polizei zur Ausnüchterung."

„Lassen Sie es doch ruhig einmal zu einer solchen Krise kommen! Es ist auch nicht schlimmer, als was Sie mit Ihren Kindern jeden Tag durchmachen. Und oft ist eine solche Krise für den Alkoholkranken notwendig, damit er endlich an seinem Tiefpunkt ankommt. Versuchen Sie darum nicht, eine solche zu verhindern."

„Glauben Sie, daß das schon ausreicht? Ich habe gehört, der Alkoholkranke müsse erst in der Gosse liegen, bevor er aufhört."

„Ich weiß, daß das häufig gesagt wird, aber so stimmt das nicht. Richtig ist, daß der Alkoholkranke an seinen Tiefpunkt kommen muß. Doch der Tiefpunkt ist bei jedem Menschen verschieden. Im Einzelfall kann es durchaus einmal sein, daß jemand erst in der Gosse landen muß, doch die Regel ist das nicht. Solange der Alkoholkranke noch nicht alle Selbstachtung verloren hat, kommt sein Tiefpunkt viel früher. – Im Prinzip kann ein Alkoholkranker jederzeit mit Trinken aufhören. Nur wird er es, solange es noch nicht so schlimm ist, nicht tun, weil er es noch nicht für notwendig hält. Das ist ja das Problem. Es wäre in einem früheren Krankheitsstadium viel einfacher zu helfen, aber genau da ist der Alkoholkranke noch nicht dazu bereit. Er ist es eben leider erst, wenn er an seinen Tiefpunkt gekommen ist, das heißt, wenn er merkt, daß ihm sein Lieblingsgetränk Alkohol inzwischen so viele Schwierigkeiten bereitet, daß es ihm zuviel wird. Und darum ist es so wichtig, daß der Angehörige zulassen kann, daß es so schnell wie möglich dahin kommt."

„Und wenn er danach immer noch nicht aufhört?"

„Dann ist es wichtig, daß Sie ihn weiter ignorieren und Sie ihn spüren lassen, daß Sie nicht bereit sind, noch irgend etwas für ihn zu tun, solange er weitertrinkt und nicht bereit ist, in Behandlung zu gehen."

„Heißt das, daß ich gar nichts mehr für ihn tun soll?"

„Nun, ganz so kraß natürlich nicht. Sie können weiterhin all das tun, was Sie für ihn tun, wenn er nicht trinken würde. Im Prinzip geht es nur darum, daß Sie sich weigern, die Folgen seines Trinkens zu übernehmen oder sich dadurch selbst kaputtmachen zu lassen. Alle Trinkfolgen soll er ruhig selbst tragen und auch zu spüren bekommen."

„Ob ich das fertigbringe ...?"

„Solange Sie für sich selbst nichts tun, wird es sicher schwer werden. Wenn Sie ernsthaft versuchen, Ihre eigenen Wege zu gehen, und nicht nur Ihrem Mann ausweichen, dann bekommen Sie auch wieder Kraft und Lebensmut, diese schwere Zeit besser durchstehen zu können."

„Was könnte das sein, für mich selbst was tun?"

„Nun, ich nehme an, daß es viele Dinge gibt, die Sie früher gerne getan haben und die durch das Trinken Ihres Mannes immer mehr ins Hintertreffen geraten sind. Zum Beispiel unter andere Menschen gehen."

„Ja, da haben Sie recht. Seit er so stark trinkt und so aggressiv ist und mit jedem gleich Streit anfängt, kommt kaum noch Besuch zu uns. Und ich getraue mich auch nicht mehr, mit ihm wohin zu gehen. Früher bin ich auch gerne in den Wald gegangen. Aber er bleibt ja gleich an jedem Lokal hängen, und dann gibt es nur noch Streit."

„Da haben Sie ja eine ganze Menge Dinge, die Sie vernachlässigt haben und die Sie wieder tun könnten. Denken Sie dabei auch an Ihre Kinder! Denen tut es doch auch gut, wenn Sie wieder entspannter und ruhiger reagieren. Noch viel besser wäre, wenn Sie Hilfe in einer Abstinenzgruppe suchen, zum Beispiel in unserer Blaukreuz-Gruppe. Dort treffen Sie auf viele Menschen, die Sie verstehen und mit denen Sie einmal über alle Ihre Probleme sprechen können und die Ihnen auch helfen. Und dort finden Sie auch viele Möglichkeiten, in alkoholfreiem Rahmen wieder gesellig zu werden und auch wandern zu gehen. All das kann Ihnen helfen, besser damit klarzukommen und abwarten zu können, bis Ihr Mann so weit ist, etwas für sich zu tun."

„Das ist aber ganz schön schwer. Meinen Sie nicht, es hilft, wenn ich ihm einfach sage, daß ich mich scheiden lasse, wenn er jetzt nicht zu einer Behandlung bereit ist?"

„Ich weiß es nicht. Vielleicht reicht das schon aus. Aber bedenken Sie, daß Sie dazu nur einmal die Möglichkeit haben. Wenn Sie die Drohung dann nicht auch konsequent durchführen, wird Ihnen Ihr Mann in Zukunft nicht mehr glauben."

„Nun ja, Sie haben vorhin schon recht gehabt. So richtig scheiden lassen will ich mich noch nicht. Ich muß nun einfach erst einmal nachdenken, was ich tun will."

Mein Mann verunsichert mich. Manchmal weiß ich nicht mehr, ob ich mich richtig oder falsch verhalte

„Ich war ja schon einmal bei Ihnen und habe Ihnen erzählt, wie das mit meinem Mann ist. Er trinkt halt nach wie vor, und es hat sich nicht viel gebessert. Das heißt, doch, ich muß zugeben, manchmal habe ich jetzt den Eindruck, als ob er sich mehr zusammennehmen würde."

„Ich nehme an, Sie haben ihm gesagt, daß Sie hier in der Beratungsstelle waren?"

„Ja, das war schon ein Schock für ihn. Der hat nämlich nicht gedacht, daß ich Ernst machen würde. Doch, es ist wahr, seitdem kommt er manches Mal sogar nüchtern nach Hause. Das hat er schon lange nicht getan."

„Na, dann sieht es doch gar nicht so schlecht aus. Sie merken, wenn Sie ihm deutlich machen, daß Ihnen sein Trinken nicht mehr paßt, daß sich dann auch sein Verhalten ändert. Sie müssen auf diesem Weg nur weitermachen."

„So einfach ist das aber gar nicht. Bei mir ist die Angst jetzt nur schlimmer geworden. Jetzt sitze ich jeden Abend da und warte voller Spannung. Kommt er nüchtern oder kommt er betrunken? Das ist manchmal zum Verrücktwerden. Und wenn er später kommt, dann überlege ich mir, hat er wieder getrunken oder ist ihm vielleicht was passiert? Sie glauben nicht, was ich mitmache."

„Ich kann mir schon vorstellen, wie Ihnen das alles zu schaffen macht. Aber Ihre Haltung drückt auch aus, daß Sie es immer noch nicht geschafft haben, Ihren Mann loszulassen. Wir haben ja beim letzten Mal darüber gesprochen."

„Wenn das so leicht wäre. Ich habe einfach Angst, und dann geht das halt wieder los."

„So verständlich Ihre Angst ist, so schädlich ist sie gleichzeitig. Denn sie verhindert, daß Sie Ihren Mann wirklich loslassen können. Und solange Sie das nicht schaffen, wird Ihr Mann keine Notwendigkeit sehen, sein Verhalten wesentlich zu ändern."

„Ich habe ja versucht, keine Angst mehr zu haben, aber ..."

„Ja, ich glaube, daß das kaum geht. Versuchen Sie es doch einmal umgekehrt, versuchen Sie, ihn trotz Angst loszulassen. Sie werden dabei vermutlich die Erfahrung machen, daß dann Ihre Angst schwindet. Und je mehr Sie Ihren Mann loslassen, desto mehr wird sich auch bei ihm ändern. Seit Sie sich mehr um sich selber kümmern, tut sich doch etwas. Zwar nicht viel, aber immerhin. Ihr Mann hat deutlich reagiert. Sie werden nur auf diesem Weg die Möglichkeit haben zu erleben, daß Ihr Mann eines Tages doch etwas gegen sein Trinken unternimmt. Und dieser Weg fängt damit an, daß Sie energisch mit sich ringen, um es endlich zu schaffen, ihn loszulassen."

„Ich muß dieses Problem wohl doch entschiedener angehen, das ist schon wahr. Aber glauben Sie, daß er aufhört zu trinken, wenn ich es fertigbringe?"

„Das weiß ich nicht. Es gibt leider kein Patentrezept. Ich weiß nur aus Erfahrung, daß auf diese Weise schon viele Alkoholkranke plötzlich zu einer Verhaltensänderung fähig und irgendwann bereit wurden, auch hierher zu kommen. Und dann hat es meistens nicht mehr lange gedauert, bis sie sich zu einer Therapie entschlossen haben. Wenn es Ihnen gelingt, Ihr Verhalten zu ändern und Ihren Mann mehr loszulassen, haben Sie auf jeden Fall eine gute Chance, daß auch Ihr Mann sich ändert."

„Wenn es nur nicht so schwer wäre und ich die Kraft dazu aufbringen würde."

„Konnten Sie denn schon einmal zur Angehörigengruppe kommen? Ich habe Ihnen ja gesagt, daß Ihnen das sicher helfen und auch Kraft geben wird."

„Ja doch, das habe ich getan. Ich war schon zweimal in der Gruppe. Ich habe es ihm auch gesagt, wo ich hingehe. Aber da reagiert er auch so komisch, und deshalb bin ich heute eigentlich noch einmal zu Ihnen gekommen. Beim letzten Gruppenabend ist er nüchtern heimgekommen und hat mich zum Essen eingeladen. Das hat er schon seit undenklichen Zeiten nicht mehr getan."

„Und Sie sind trotzdem zur Gruppe gegangen?"

„Ja, ich bin trotzdem gegangen, weil ich es mir vorgenommen hatte und es mir beim ersten Mal auch so gut gefallen hat. Aber fragen Sie mich nicht, mit was für einem schlechten Gewissen ich da gewesen bin."

„Es läßt sich doch stark vermuten, daß Ihr Mann Sie nur vom Gruppenbesuch abhalten wollte."

„Ja, das war auch gleich mein erster Gedanke, und darum bin ich ja auch gegangen. Und die andern in der Gruppe haben auch sofort das gleiche gesagt. Die haben sofort gesagt, daß das nur ein Manöver von meinem Mann ist, weil er jetzt Angst bekommt und merkt, daß ich nicht mehr mitmache. Aber trotzdem fühlte ich mich ziemlich schlecht. Er war an dem Abend so nett und ganz anders als sonst. Vielleicht wäre es doch gut gewesen, wenn ich mit ihm gegangen wäre."

„Gut zu was?"

„Ich meine, wenn er sich jetzt ändert ... Vielleicht schafft er es doch, vom Alkohol loszukommen, und dann verbaue ich ihm den Weg dazu."

„Sie haben die Hoffnung, wenn Sie jetzt wieder nett mit ihm sind, daß er sich dann doch ändert und mit Trinken aufhört?"

„Ja, schon."

„Und wie oft haben Sie es auf diese Weise schon versucht? Ich nehme doch an, daß es nicht das erste Mal wäre."

„Ja, Sie haben recht. Wahrscheinlich mache ich mir nur wieder einmal Illusionen."

„Wie hat denn Ihr Mann am nächsten Tag reagiert?"

„Gar nicht. Er hat nicht mehr darüber gesprochen."

„Er war Ihnen auch nicht böse deswegen?"

„Nein, eigentlich nicht. Ich habe wenigstens nichts bemerkt. Er war wie immer. Er war sogar nüchtern."

„Nun, das sieht doch ganz danach aus, daß er selber weiß, daß er nur versucht hat, Sie von der Gruppe abzuhalten."

„Meinen Sie?"

„Ich glaube schon, denn sonst hätte er doch zumindest verärgert reagiert. Nehmen Sie es als Tatsache, daß Ihr Mann verhindern will, daß Sie in die Gruppe gehen. Und das zeigt, daß er tatsächlich Angst bekommt. Er merkt nämlich, daß er, wenn Sie bei Ihrer Verhaltensänderung bleiben, nicht mehr so weitertrinken kann wie früher."

„Dann soll ich also weiter in die Gruppe gehen?"

„Ich halte es für das Beste. Es tut Ihnen gut und hilft Ihnen, sich von dem Alkoholproblem Ihres Mannes mehr zu distanzieren. Und es sieht so aus, als ob es auch Wirkung bei Ihrem Mann zeigen würde. Und das sollten Sie auf keinen Fall wieder zunichte machen. Wenn Ihrem Mann sehr viel daran liegt, mit Ihnen essen zu gehen, kann das doch leicht auch an einem anderen Abend sein."

„Ja, das ist auch wieder wahr. Ich bin froh, daß ich noch einmal mit Ihnen gesprochen habe. Ich bleibe bei der Gruppe, und er soll grad machen, was er will."

„Ich vermute, daß Sie nicht lange warten müssen, bis Ihr Mann bereit wird, selber etwas zu tun."

Meine Frau macht mich mit dem ewigen Hin und Her noch ganz fertig

„Manchmal weiß ich wirklich nicht mehr, was ich von dem Ganzen noch halten soll. Meine Frau macht mich total fertig. Mal trinkt sie, und dann hört sie wieder auf und verspricht mir alles. Und wenn ich dann wieder hoffe und denke, jetzt ist vielleicht alles vorbei, dann komme ich heim und sie liegt wieder besoffen im Bett oder sie ist in ihrem gefährlichen Stadium und fängt Streit mit mir an und tituliert mich wer weiß wie. Ich habe schon so oft gedacht, jetzt ist aber Schluß, entweder sie unternimmt etwas oder ich lasse mich scheiden. Aber dann hört sie komischerweise immer auf mit ihrer Sauferei."

„Finden Sie das wirklich so komisch?"

„Ich habe mir auch schon gedacht, daß sie mich vielleicht bloß besänftigen will, bis ich wieder gut mit ihr bin."

„Ich vermute, daß Sie da auf der richtigen Spur sind."

„Ja, aber dann – was mache ich denn dann? Ich glaube, die merkt ganz genau, daß ich trotzdem noch an ihr hänge und sie gar nicht wirklich verlassen will. Ich habe ja auch niemand für die Kinder."

„Versorgt sie denn die Kinder noch ordentlich?"

„Oh, das ist auch so ein Kapitel, an das ich lieber nicht denke. Zum Glück sind die Kinder schon so groß, daß sie sich nach der Schule selber ein Brot machen können. Manchmal, wenn sie gerade nichts trinkt, dann kocht sie schon und sorgt sich auch um die Kinder, aber wenn sie besoffen ist, tut sie im Haushalt gar nichts. Ich muß abends, wenn ich von der Arbeit heimkomme, immer sehen, daß ich das Nötigste erledige. Und wenn die Kinder mittags nichts Warmes bekommen haben, dann koche ich meistens auch noch. Na ja, das geht, da habe ich mich schon daran gewöhnt. Aber meistens brüllt sie die Kinder auch an und schlägt sie. Nachher tut es ihr wieder leid, und dann überschlägt sie sich in ihrer Fürsorge und buhlt förmlich um ihre Liebe."

„Wenn es auch noch geht, wie Sie sagen, dann ist das doch

trotzdem ein unhaltbarer Zustand. Für Ihre Kinder wäre es doch sehr wichtig, daß sie wieder in normale Verhältnisse kämen."

„Ja schon, aber was soll ich denn machen? Ich versuch's ja immer wieder, aber es hat ja keinen Zweck."

„Ich bin nicht so überzeugt davon, daß Sie es wirklich versuchen. Ich denke, Sie haben das vollkommen richtig empfunden, daß Ihre Frau Ihre Schwäche kennt und ausnützt. Die spürt nämlich genau, daß es Ihnen gar nicht richtig ernst damit ist, sie zu verlassen. Und darum spielt sie mit Ihnen."

„Aber warum macht sie denn das, das ist doch unsinnig?"

„Unsinnig ist das nur aus Ihrer Sicht, weil Sie normal und logisch denken. Ihre Frau denkt anders. Wer alkoholkrank ist, denkt vom Alkohol her. Für den Alkoholkranken gibt es nichts Wichtigeres als Alkohol. Sein ganzes Denken kreist nur um Alkohol und das Problem, ihn zu bekommen und immer genügend Vorrat zu haben und vor allem, Gelegenheit zu haben zu trinken. Denn der Alkoholkranke hat längst begriffen, daß er sein Trinken lebensnotwendig braucht und versucht es sich darum mit allen Tricks zu verschaffen und zu erhalten. Die Vorstellung, plötzlich nicht mehr trinken zu dürfen, macht ihn total fertig. Wenn Sie von Ihrer Frau fordern, sie solle mit Trinken aufhören, dann erlebt sie das als feindseligen Akt, dann erlebt sie Sie als ihren Feind, der ihr das für sie Wichtigste wegnehmen will."

„Aber ich meine es doch nur gut mit ihr, sie gibt es doch selber zu, daß ihre Trinkerei nicht normal ist. Wenn sie nüchtern ist, sieht sie es immer so."

„Wenn sie nüchtern ist, sieht Ihre Frau es vorübergehend auch normal. Aber wenn das Verlangen wieder kommt und sie merkt, daß sie jetzt wieder dringend Alkohol braucht, dann ändert sich auch wieder ihr Denken, dann denkt sie wieder vom Alkohol her."

„Aber da muß man ihr doch irgendwie helfen können?"

„Sicher kann man das, aber das setzt voraus, daß zunächst Sie mit dem Helfen aufhören."

„Warum? Was soll das bringen?"

„Das bringt ganz einfach, daß Ihre Frau das Spielchen, das sie mit Ihnen treibt, dann nicht mehr spielen kann. Und damit wird sie gezwungen, sich etwas anderes einfallen zu lassen. Und genau hier liegt die Chance, daß sie sich schließlich doch für eine Behandlung entscheidet."

„Und was kann ich dazu tun, dieses Spiel, wie Sie es nennen, zu unterbrechen?"

„Eben ganz einfach aufhören, ihr noch zu helfen. Bis jetzt haben Sie Ihrer Frau gedroht, dies jedoch gar nicht ernst gemeint. Das spürt Ihre Frau und reagiert darauf. Und sie weiß auch genau, wie sie das machen muß. Sie hört dann halt mal wieder einige Tage auf zu trinken, bis sie merkt, daß Sie sich wieder abgeregt haben und erneutes Trinken jetzt wieder ungefährlich ist. Solange sie nicht trinkt, hoffen Sie nämlich wieder und hegen die Illusion, ihr doch noch helfen zu können. Genau das ist das Spiel, das Ihre Frau mit Ihnen spielt und das Sie getreu mitspielen. Es mag ja durchaus sein, daß sie vorübergehend selber merkt, was sie macht. Aber da das Verlangen stärker ist und sie weiß, daß keine ernstliche Konsequenz droht, spielt sie dann eben dieses Spielchen. Ihrer Frau geht es dabei darum, die Entscheidung, mit Trinken aufhören zu müssen, möglichst lange hinauszuschieben. Im Grunde will sie sich vor dieser Entscheidung drücken, weil sie Angst davor hat. Und Sie fallen darauf herein und verlängern die Geschichte, indem Sie immer wieder mitspielen."

„Dann bin ich also selber schuld daran?"

„Richtig. Solange Sie mitspielen, sind Sie mit schuld daran, daß der Zustand Ihrer Frau sich nicht ändert. Und nur Sie können es ändern, denn Ihre Frau wird es – wie ich Ihnen dargelegt habe – nicht wollen und darum nicht können."

„Dann muß ich mich wohl doch von ihr trennen?"

„Ich weiß nicht, ob das die Konsequenz sein muß. Wahrscheinlich hilft bereits, wenn Ihre Frau spürt, daß Sie jetzt endlich nicht mehr mitspielen. Wenn sie merkt, daß Sie nicht mehr bereit sind, ihr Trinken zu tolerieren, dann wird das für Ihre Frau Folgen haben. Es gibt sicher viele Bereiche, wo Sie sich so konsequent ihr gegenüber verhalten können, daß es für sie schmerzlich wird. Es kommt viel weniger auf das an, was man tut, als auf die innere Einstellung. Und wenn die innere Einstellung dahin geht, konsequent nichts mehr zu tolerieren und vor allem nicht mehr zu helfen, reicht das meistens völlig aus, den Alkoholkranken zu der Erkenntnis zu bringen, daß er gegen sein Trinken etwas unternehmen muß. In Ihrem Fall heißt das konkret, daß Sie aufhören müssen, den Versprechungen Ihrer Frau, mit Trinken aufhören zu wollen, zu glauben. Sie kann nur ein Versprechen geben, nämlich endlich die Beratungsstelle aufzusuchen und eine Therapie einzuleiten – alles andere gelingt nicht, weil Ihre Frau es gar nicht mehr durchführen kann."

„Irgendwie leuchtet mir das schon ein, was Sie da sagen. Ich will doch versuchen, ob es auf diese Weise geht."

„Ich wünsche Ihnen viel Erfolg dabei."

Geben Sie mir doch einen Rat, wie ich meinen Mann vom Alkohol wegbekommen kann

„Ich wollte mir bei Ihnen doch einmal Rat holen, weil ich langsam nicht mehr weiterweiß. Es muß doch eine Möglichkeit geben, meinen Mann vom Alkohol wegzubekommen. Wissen Sie, er trinkt ja schon lange. Aber früher ging es. Doch in den letzten Jahren hat sein Trinken immer mehr zugenommen, und das ärgert mich. Mit dem ist ja nichts mehr anzufangen. Dauernd ist er besoffen. Und wenn er besoffen ist, hat er immer schlechte Laune. Alles muß ich alleine machen. Der ist langsam aber sicher zum Totalausfall geworden. Helfen Sie mir doch und geben Sie mir einen guten Rat, wie ich den vom Alkohol wegbekomme."

„Was haben Sie denn schon alles versucht?"

„Ach, ich glaube, so ziemlich alles. Anfangs habe ich ihm den Alkohol weggeschüttet, aber da ist er immer böse geworden, darum lasse ich das jetzt. Jetzt mache ich Striche an die Flasche, damit ich sehe, wieviel er wieder getrunken hat."

„Und das hilft?"

„Nein, das gerade nicht, aber ich muß doch wissen, was er trinkt. Oder – halten Sie das für falsch?"

„Ich halte es zumindest für nutzlos. Es ist im Grunde doch egal, was und wieviel er trinkt. Sie merken es doch, wenn er wieder getrunken hat, und das genügt doch eigentlich."

„Ich fühle mich da aber so unsicher, wenn ich nicht genau weiß, was er wieder getrieben hat. Aber Sie meinen, ich soll das lassen? Das wollten Sie doch damit andeuten?"

„Erzählen Sie doch erst mal weiter, was Sie sonst noch alles versucht haben."

„Na ja, ich habe halt versucht, ihn zu bestrafen."

„Und wie machten Sie das?"

„Na, ich rede dann nicht mit ihm und kehre ihm den Rücken zu. Wissen Sie, ich lasse ihn dann mal so richtig ein paar Tage lang zappeln, damit er merkt, was los ist."

„Und Sie haben die Hoffnung, ihn dadurch kleinzukriegen?"

„Ja natürlich. Aber ..."

„... es nützt nichts, wollten Sie wohl sagen?"

„Ja, das stimmt. Ich habe es auch schon anders herum versucht. Ich habe ihn gleich mit einem Donnerwetter empfangen, wenn er heimgekommen ist, aber dann ist er mir meistens wieder abgehauen und kam nach einiger Zeit noch betrunkener zurück. Es ist einfach zum Verzweifeln, das können Sie mir glauben."

„Ja, das glaube ich Ihnen. Ein solch hoffnungsloser Kampf macht ganz schön müde."

„Was würden Sie denn an meiner Stelle machen?"

„Das weiß ich nicht, da ich nicht an Ihrer Stelle bin. Vielleicht würde ich das gleiche versuchen. Wenn man in solch einer Situation drin ist, verliert man einfach den klaren Blick für das richtige Tun. Dann reagiert man nur noch gefühlsmäßig. Ich kann Ihnen darum auch nur aufzeigen, was an Ihrem Verhalten nutzlos ist und wie Sie sich eventuell sinnvoller verhalten können."

„Oh, da wäre ich Ihnen sehr dankbar dafür. Ich habe ja gehofft, daß Sie mir helfen können."

„Wenn Sie gehofft haben, daß ich Ihnen helfen kann, Ihren Mann vom Alkohol wegzubekommen, dann haben Sie falsch gehofft."

„Warum das?"

„Weil das schlicht und einfach unmöglich ist. Es gibt niemanden, der einen Alkoholkranken vom Alkohol wegbekommen kann. Man kann natürlich einen gewissen Druck auf ihn ausüben und ihn kontrollieren, wie Sie das versucht haben, aber daß das nichts nützt, haben Sie ja selber bemerkt."

„Aber Sie sind doch Fachmann auf diesem Gebiet, nehme ich wenigstens an?"

„Natürlich bin ich Fachmann, leider jedoch nicht darin, einen Alkoholiker vom Alkohol wegzubekommen. Wie gesagt, das geht nicht. Mit Trinken aufhören kann der Alkoholkranke nur selber wollen. Ich kann ihn bestenfalls soweit zur Einsicht führen, daß er anfängt, das zu wollen, und ihm zeigen, wie er das in die Tat umsetzen kann. Aber solange er nicht aufhören will, bin ich genau so machtlos wie Sie."

„Sie meinen damit, daß auch ich keine Möglichkeit habe, ihn vom Alkohol wegzubringen?"

„Ja, genau."

„Aber wie soll es dann weitergehen? Ich halte es so, wie es jetzt läuft, nicht mehr lange aus."

„Nun, so seltsam es klingt, vielleicht erreichen Sie eher etwas, wenn Sie aufhören, ihn vom Alkohol wegbringen zu wollen."

„Jetzt sprechen Sie aber in Rätseln!"

„Ich will es Ihnen verdeutlichen. Solange Sie sich so verhalten, wie Sie es geschildert haben, wollen Sie Ihren Mann erziehen."

„Ja, das stimmt."

„Erziehen gehört aber in den Bereich der Kindheit. Das heißt: Solange Sie sich so verhalten, behandeln Sie Ihren Mann wie ein kleines Kind. In der Rolle des Kindes aber kann er nicht aufhören zu trinken. Da muß er trotzig sein und sich gegen Sie stellen. Ein Alkoholkranker kann erst dann aufhören, wenn er begriffen hat, daß er die Verantwortung für sich und sein Tun selber übernehmen muß. Das setzt aber voraus, daß er wie ein Erwachsener fühlt. Und das kann er erst, wenn Sie aufhören, ihn wie ein Kind zu behandeln."

„Aber wie mache ich das? Er verhält sich doch immer wieder wie ein Kind, wenn er trinkt."

„Das mag schon sein. Aber dadurch begeben Sie sich immer wieder in eine Position der Stärke. Solange Sie sich als die Stärkere und Überlegene fühlen, kann er sich nicht ändern, solange rennen Sie immer wieder mit dem Kopf gegen die Wand beziehungsweise gegen sein Trinken an, das nicht besser, sondern schlimmer wird. Sehen Sie, Kampf macht verbissen und blind. Beim Kämpfen geht es doch nur noch ums Gewinnen. Und wenn das nur so aussieht, daß Sie Striche an seine Flaschen machen, um ihn zu kontrollieren. Diesen Kampf aber können Sie nie gewinnen, weil der Alkoholiker mit Alkohol immer der Stärkere ist. Ihr Mann merkt doch jedesmal, daß er Ihnen wieder eine Niederlage beigebracht hat, wenn er getrunken hat und Sie machtlos dagegen sind. Er wäre – wenn es schon ein Kampf ist, bei dem es ums Gewinnen geht – ja blöde, wenn er freiwillig seine stärkste Waffe aufgeben würde."

„Da muß ich darüber nachdenken. – Wenn ich mir richtig überlege, was Sie gesagt haben, dann heißt das doch, daß ich nichts mehr gegen sein Trinken unternehmen soll?"

„Ja, genau das heißt es. Ich möchte Ihnen das noch weiter begründen. Ihr bisheriges Verhalten hat nämlich noch mehr Folgen. Ihr Mann kann sich zwar durch sein Trinken gegen Sie behaupten, aber das ist nur ein Scheinsieg. Im Grunde weiß er, daß er damit auf der Verliererstraße ist. Und das deprimiert ihn. Und er merkt doch, daß Sie nicht mit ihm zufrieden sind. Da er aber nicht weiß, wie er vom Trinken loskommen kann, wird er völlig mutlos, und schließlich stellt er sich auf den Standpunkt, daß ja doch alles keinen Wert hat, da er von Ihnen ja weiter abgelehnt wird. Und aus dieser Verzweiflung trinkt er eben wieder. Sie merken, das ist ein Teufelskreis, der Ihren Mann immer tiefer ins Trinken treibt und Sie immer mehr ins Kämpfen, bis Sie selber auch am Ende sind."

„Das alles leuchtet mir ja ein, was Sie sagen, aber in mir wehrt sich alles dagegen, ihn einfach trinken zu lassen. Dann hört das ja überhaupt nie auf."

„Genau das ist der Trugschluß. Wenn Sie aufhören zu kämpfen und Sie Ihren Mann in Ruhe lassen, dann entkrampft sich die Situation. Und das gibt Ihrem Mann Gelegenheit, über sich und sein Trinken nachzudenken. Bei den allermeisten Alkoholkranken kommt es auf diese Weise zu dem Entschluß, vom Alkohol loskommen zu wollen und in eine Gruppe zu gehen oder gar in eine Therapie."

„Gar nichts tun soll zum Erfolg führen? Das ist schwer zu fassen. Das kann ich noch nicht begreifen."

„Ich glaube, das ist für jeden schwer zu begreifen. Aber es ist einfach eine Erfahrung im Umgang mit Alkoholkranken, daß die beste Hilfe keine Hilfe ist. Wenn man jedoch weiß, was sich im Alkoholkranken abspielt und wie er auf falsches Helfen reagiert, fängt man an zu verstehen, daß man ihn sich selbst überlassen muß und daß dies die wirkungsvollste Möglichkeit ist, ihn zur Vernunft und Einsicht kommen zu lassen."

„Ich glaube, ich muß da einfach noch mehr darüber nachdenken. – Sie haben vorhin eine Gruppe erwähnt, die helfen könnte. Gibt es denn hier solche Gruppen?"

„Natürlich."

„Und kann ich da auch mitkommen?"

„Wenn Sie wollen. Es wäre sogar sehr wichtig für Sie, wenn Sie auch gingen, denn Sie können in der Gruppe eine Menge Hilfe bekommen und immer besser lernen, was im Umgang mit einem Alkoholkranken sinnvoll ist und was nicht."

„Wann sind denn die Gruppen?"

„Ich gebe Ihnen hier ein Programm mit, da sind die Gruppentermine vermerkt."

„Das ist gut. Da werde ich ihn gleich am Freitag anschleppen."

„Damit tun Sie schon wieder das gleiche wie vorher: Sie kämpfen und versuchen, Ihren Mann mit Gewalt vom Alkohol loszubekommen. Für das erste Mal kann es ja ganz gut sein, wenn Sie Ihren Mann mit zur Gruppe abschleppen, damit er diese einmal kennenlernt. Wenn er dann aber nicht von sich aus mitkommen will, hat es keinen Wert. Solange er sich nicht von sich aus entscheidet, etwas gegen sein Trinken zu unternehmen, sind Sie machtlos."

„Ach ja, ich merk's. Es ist halt schwer. Ich glaube, ich muß noch viel lernen."

Meinen Sie, ich soll mich scheiden lassen?

„Sie dürfen es mir glauben, ich habe alles getan, was ich konnte. Ich habe ihm immer wieder klar gemacht, daß er unsere Ehe kaputtmacht, wenn er so weitertrinkt. Ich habe ihm gedroht, ich habe geschimpft, ich habe ihn gebeten. Es hat alles nichts genützt. Ich habe ihn auf unsere Kinder hingewiesen und was er ihnen antut: er trinkt weiter. Ich glaube manchmal, er trinkt mir zum Trotz und will unsere Ehe absichtlich kaputtmachen. Meine Eltern raten mir schon lange, ich solle mich endlich scheiden lassen."

„Und was denken Sie?"

„Ich denke auch, ich sollte es tun. Ich habe meinen Mann doch nicht geheiratet, um unglücklich zu sein. Wenn ich früher gewußt hätte, daß er ein solcher Schwächling ist, hätte ich ihn gar nicht genommen. Wie oft habe ich ihm schon gesagt, er solle sich doch endlich zusammenreißen. Andere können doch auch aufhören. Aber er . . . er muß weitertrinken, bis nichts mehr in ihn reingeht. Ich habe so langsam genug davon. Unsere Kinder haben auch keinen Respekt mehr vor ihm. Die gehen ihm aus dem Weg und lachen heimlich über ihn. Wenn ich ihm aber seinen Wein wegschütte, dann spielt er den starken Mann und wird böse. Und wenn ich ihn zur Rede stelle und ihn frage, wie er sich das alles denkt, dann sitzt er verbockt da und schweigt und trinkt. Ich kann ihn manchmal nur noch verachten. Wenn ich mich auch so verhalten würde, dann würde es böse bei uns aussehen."

„Ich denke, es kann sich doch noch etwas bei Ihrem Mann ändern, wenn Sie versuchen, sich mehr in ihn hineinzudenken und ihn besser zu verstehen."

„Ihn verstehen? Was gibt es denn da noch zu verstehen?"

„Eine ganze Menge. Zunächst einmal dürfen Sie nicht glauben, Ihren Mann ließe das alles gleichgültig. In seinen klaren Stunden weiß er ganz genau, was mit ihm los ist und was er tut. Er steckt voller Schuldgefühle wegen all dem. Die Vorwürfe, die Sie ihm machen, die macht er sich längst alle selbst, und er weiß im Grunde, daß Sie recht haben. Natürlich gibt er das Ihnen gegenüber nie zu, denn sonst würde sein letzter Rest an Selbstachtung auch noch verlorengehen. Da er aber viele Jahre lang solche negativen Gefühle immer nur weggetrunken hat, weiß er jetzt keinen anderen Ausweg mehr, als sie mit Alkohol wegzuspülen. Darin besteht seine Krankheit. Schimpfen, drohen und ins Gewissen reden hilft da gar nichts, weil es seine Schuldgefühle und seine Selbstvorwürfe nur noch vermehrt und er darum erst recht trinken muß. Darum ist es am besten, wenn Sie ihm wegen seines Trinkens keine Vorwürfe machen und ihn trinken lassen, wenn er trinken muß. Er muß es nämlich, weil er Alkohol lebensnotwendig braucht."

„Heißt das, daß ich ihm auch keinen Alkohol wegschütten soll?"

„Genau! Denn wer ihm seinen Freund Alkohol – seinen einzigen Freund, den er noch hat – wegnimmt, der macht sich zu seinem Feind. Darum reagiert er aggressiv darauf. Ihm Alkohol wegschütten ist genauso, wie wenn sie einem Kranken seine Arznei wegwerfen würden. Manche Angehörigen kommen auf die Idee, mitzutrinken, damit er nicht so viel trinkt. Auch das ist vergebliche Liebesmühe. Der Alkoholkranke braucht seine gewohnte Menge Alkohol, und die wird er sich unter allen Umständen beschaffen und zuführen. Trinken ist doch nur das Symptom einer Krankheit. Und darum kann er es nicht mehr kontrollieren. Und Sie können es auch nicht kontrollieren – und wenn Sie sich noch so sehr anstrengen. Es ist darum völlig sinnlos, an seinem Trinkverhalten etwas ändern zu wollen."

„Gut, das kann ich noch einsehen. Aber es muß doch möglich sein, mit ihm darüber zu reden. Das ist doch das wenigste, was ich erwarten kann."

„Dann versuchen Sie es doch noch einmal und beachten Sie dabei, daß Ihr Mann vermutlich Angst vor Ihnen hat. Ich erlebe Sie in Ihrer Ehe ziemlich tüchtig. Das ist wichtig, damit nicht alles drunter und drüber geht, wie Sie selber gesagt haben, aber Ihrem Mann verursacht es vermutlich Minderwertigkeitsgefühle. Er merkt doch, daß er Ihnen unterlegen ist. Er fühlt sich darum als Versager, und das ruft oft auch Aggressionen hervor, vor allem, wenn er getrunken hat. Und bedenken Sie: Wenn Sie immer wieder nur Negatives an ihm sehen und Sie ihm das auch noch sagen, vergrößern Sie die Kluft zu ihm und machen es ihm noch schwerer, sich Ihnen gegenüber zu öffnen. Darum schweigt er vermutlich meistens und trinkt, um seine Niederlage und seine Scham zu vergessen. Und nun stellen Sie sich vor, in diese Situation hinein drohen Sie ihm mit Scheidung. Das kann doch nur Angst in ihm auslösen, weil er sich dagegen nicht zu wehren weiß. Er weiß doch genau, daß er mit Trinken nicht aufhören kann."

„Haben Sie eine Ahnung! So hilflos ist der gar nicht. Der hat mir schon damit gedroht, daß er zum Rechtsanwalt geht und sich scheiden läßt."

„Hat Ihnen das angst gemacht?"

„Nein, natürlich nicht!"

„Sie haben also bereits selbst bemerkt, daß das eigentlich nur Rückzugsgefechte von ihm waren, um seine Selbstachtung nicht zu verlieren."

„Ja, im Grunde schon."

„Und nun nehmen wir noch den anderen Punkt, den Sie erwähnten. Ihre Eltern stehen auf Ihrer Seite, sagen Sie – auch Ihre Kinder lehnen den Vater ab und stehen damit auf Ihrer Seite."

„Ja das ist richtig, aber das ist doch ganz normal!"

„Und sind Sie nicht manchmal in Versuchung, sich mit Ihren Eltern und Ihren Kindern gegen Ihren Mann zu verbinden?"

„Ja, Sie haben recht."

„Vielleicht können Sie sich nun auch vorstellen, wie Ihr Mann das empfinden muß. Er kann sich ja nur noch als Sündenbock für die ganze Familie erleben. Und was kann er dagegen tun?"

„Ich verstehe, was Sie meinen – er kann dann nur noch trinken, weil er keinen anderen Ausweg weiß."

„Ja."

„Und Sie meinen, wenn ich in all diesen Punkten etwas ändere, dann kann es mit meinem Mann besser werden?"

„Zunächst einmal ist es wichtig, daß nicht nur Sie, sondern auch Ihre Eltern und Ihre Kinder Ihr Verhalten ändern. Wenn Ihr Mann sich endlich als Kranker erleben kann und nicht mehr als Versager, wird er dem Gedanken einer Behandlung zugänglicher werden. Es ist sogar ziemlich wahrscheinlich, daß er dann bereit wird, in eine

Therapie zu gehen. Und solange Sie das nicht ausprobiert und nicht abgewartet haben, sollten Sie sich nicht scheiden lassen. Scheidung kann immer nur der letzte Ausweg sein, wenn ein Alkoholkranker unter keinen Umständen mit Trinken aufhören will. Das kommt jedoch nur sehr selten vor, wenn man sich seiner Krankheit gegenüber richtig verhält."

Die Zustände bei uns zu Hause sind unerträglich. Es kann so nicht mehr weitergehen!

„Ich halte es einfach nicht mehr aus. Mein Mann ist furchtbar. Jeden Tag ist er betrunken, und an den Wochenenden ist es besonders schlimm. Die Kinder fangen schon an zu zittern, wenn sie sein Auto kommen hören. Stellen Sie sich vor, in seinem Zustand fährt er noch jeden Tag mit dem Auto. Ich darf gar nicht daran denken, was noch alles passieren kann. Und kaum ist er da, gibt es Streit. Ich bin ja schon ganz vorsichtig, aber er findet immer einen Grund und brüllt dann mit uns rum und schlägt die Kinder. Mich hat er auch schon geschlagen. Er ist einfach furchtbar. Und letzte Nacht hat er so getobt, daß ich die Kinder geschnappt und fluchtartig das Haus verlassen habe. Wir sind die ganze Nacht umhergeirrt und haben uns erst wieder heute morgen nach Hause getraut, als er fort war. Ich weiß nicht mehr, was ich noch tun soll."

„Haben Sie schon einmal mit ihm darüber gesprochen, daß er in Behandlung gehen könnte?"

„Ach du liebe Zeit, wenn ich davon anfange, daß er fortgehen soll, fängt er gleich an zu toben. Wenn ich nur das Wort Alkohol erwähne, brüllt er. Er schreit dann gleich: ‚Du gehörst in die Psychiatrie, nicht ich, du bist nicht mehr normal!' Wissen Sie, manchmal glaube ich, er hat recht. Schon nachmittags fange ich an zu zittern, weil ich weiß, daß er bald kommt. Ich mache mit den Kindern ganz unsinniges Zeug und weiß oft nicht mehr, wo mir der Kopf steht. Die Kinder fangen an zu weinen, und das tut mir ja so leid. Sie verkriechen sich schon in die hinterste Ecke, wenn sie ihn kommen hören, aber alles nützt nichts. Wenn er getrunken hat – und das ist fast jeden Tag –, dann brüllt er mit uns rum, und niemand kann es ihm recht machen. Unser Großer geht jetzt schon in die zweite Klasse, aber die Lehrerin sagt, daß er sitzenbleiben wird, wenn es so weitergeht, er sei ganz unkonzentriert. Ich bin verzweifelt. Was soll ich bloß machen, können Sie nichts tun?"

„Was stellen Sie sich vor, was ich tun könnte?"

„Ich weiß auch nicht. Es hilft ja doch alles nichts. Unser Hausarzt hat schon einmal mit ihm gesprochen, den hat er rausgeschmissen. Seitdem geht er auch nicht mehr zu ihm. Mein Mann ist so stur, mit dem kann man einfach nicht reden."

„Haben Sie schon einmal daran gedacht, von ihm wegzugehen?"

„O ja, das habe ich. Aber ich weiß doch nicht wohin. Und dann haben wir uns erst das Haus gebaut. Das möchte ich auch nicht so einfach aufgeben. Und zudem habe ich einfach Angst davor. Er hat gedroht, er würde mich und die Kinder umbringen, wenn ich ihn verlassen würde."

„Ich kann verstehen, daß es furchtbar ist, mit solcher Angst zu leben. Aber so lange Sie solche Angst vor Ihrem Mann haben, wird sich nichts ändern. Er kann Sie immer wieder erpressen, und Ihnen und den Kindern geht es immer schlechter. Denken Sie an Ihren Sohn, der jetzt schon Schulschwierigkeiten hat."

„Ich weiß."

„Tyrannen haben nur so lange Macht, wie man sie fürchtet. Wenn Sie anfangen, ihn nicht mehr zu fürchten, verliert er seine Macht über Sie."

„Vielleicht haben Sie recht, aber ich weiß nicht, wie ich es anstellen soll."

„Wenn Sie es nicht schaffen und die Initiative zurückgewinnen, haben Sie die Möglichkeit, aufs Gesundheitsamt zu gehen und zu bitten, daß man Ihren Mann zwangsweise unterbringt. Wenn ein Beschluß vorliegt, wird Ihr Mann abgeholt und auch gegen seinen Willen entgiftet. Oft bewirkt schon das Wissen, daß es dazu kommen wird, daß der Betreffende dann freiwillig geht. Wenn nicht, kommt doch bei vielen diese Einsicht, wenn ihr Kopf wieder klarer wird. Dann wäre auch die Möglichkeit, mit ihm darüber zu sprechen, ob er sich nicht einer Entwöhnungsbehandlung in einer offenen Fachklinik unterziehen will. Häufig fällt dann ein solcher Vorschlag auf fruchtbaren Boden. Wenn Ihr Mann auch dann immer noch stur bleibt und sein altes Verhalten fortsetzt, bleibt Ihnen nur, daß Sie sich wirklich von ihm trennen, um sich und die Kinder zu retten. Ein Haus ist eine schöne Sache, aber Ihre Kinder sollten Ihnen wirklich wichtiger sein."

„Aber wohin soll ich denn gehen? Ich habe doch niemand."

„Wenn Sie keine Verwandten oder guten Bekannten haben, die Sie aufnehmen würden, suchen Sie sich eine Wohnung, gehen aufs Sozialamt und beantragen ‚Hilfe zum Lebensunterhalt'. Sie bekommen dann soviel, daß Sie mit Ihren Kindern durchkommen. Das wird immer noch besser sein, als ständig unter dem Terror, den Sie geschildert haben, weiterzuleben. Sie können Ihrem Mann ja versichern, daß Sie wieder zu ihm zurückkehren werden, wenn er sich endlich wegen seines Trinkens behandeln läßt."

„Wenn ich mich nur getrauen würde."

„Sehen Sie, alles, was Sie in dieser Richtung unternehmen, ist besser, als weiterhin wie das Kaninchen vor der Schlange zu sitzen, unfähig, etwas zu tun. Sie werden sehen, wenn Sie erst anfangen, etwas zu unternehmen, kommt Ihnen auch immer mehr der Mut dazu, und Sie fühlen sich sofort freier. Denken Sie dabei an Ihre Kinder!"

„Vielleicht versuche ich es – es ist wirklich besser, als so weiterzumachen wie bisher."

„Wenn Probleme auftauchen oder Sie irgendwie nicht weiterwissen, können Sie jederzeit hier vorbeikommen, dann sprechen wir darüber. Und was ich Ihnen dabei helfen kann, will ich gerne tun. Und denken Sie daran, je offener Sie es vor Ihrem Mann schaffen, Ihre Lage zu verändern, desto mehr Eindruck wird es auf ihn machen und seine Macht brechen. Vielleicht braucht es zu allem gar nicht zu kommen, wenn er merkt, daß es Ihnen ernst ist. Es ist gut möglich, daß er dann bereit ist, in eine Therapie zu gehen."

„Dazu wird es sicher nie kommen. Das wird der nie tun."

„Warten Sie ab und werden Sie konsequent. Ich habe schon oft erlebt, daß das Wunder bewirkt hat."

Ich fühle mich von meinem Mann erpreßt, zu ihm zurückzukehren

„Ich bin inzwischen ganz irre und weiß nicht mehr, was ich tun soll. Sie wissen ja, wie lange ich gezaudert habe, von meinem Mann wegzugehen und wieviel Ängste ich hatte, ob ich es mit den Kindern allein schaffen werde. Es geht tatsächlich. Wir haben eine kleine Wohnung und kommen ganz gut zurecht. Und vor allem haben wir unsere Ruhe und nicht mehr das ewige Hin und Her und die vielen Szenen. Aber mein Mann läßt uns immer noch keine Ruhe. Dauernd ruft er an, ich soll mit den Kindern wieder zurückkommen. Manchmal steht er auch bei uns vor der Tür und versucht, mir zu drohen. Und wenn er mir nicht droht, dann verspricht er mir hoch und heilig, daß er mit Trinken aufhören würde. Was soll ich bloß machen?"

„Ich nehme an, daß Ihr Mann nach wie vor trinkt?"

„Das ist es ja gerade. Er trinkt jetzt schlimmer als vorher. Es ist furchtbar mit ihm. Wenn er so weitermacht, trinkt er sich noch zu Tode. Und dabei kommt er immer mehr herunter. Ich schäme mich direkt, wenn ich sehe, wie er herumläuft. Wie der letzte Vagabund. Der verwahrlost völlig."

„Und deswegen glauben Sie, daß es doch besser wäre, wieder zu ihm zurückzukehren?"

„Das ist es nicht allein. Es sind auch die Leute im Haus, die mir immer wieder Vorwürfe machen. Die sagen, die Wohnung würde total verdrecken, und das sei doch furchtbar, den Mann so hängen zu lassen. Ich sehe es ihren Gesichtern an, daß sie mich beschuldigen, daß es soweit gekommen ist. Direkt sagt es ja niemand, aber ... ich weiß ja, was so alles geredet wird. Ich komme mir manchmal richtig schlecht vor. Und das Schlimme ist: früher hat er mir mit Selbstmord immer nur gedroht, jetzt hat er tatsächlich einen Selbstmordversuch gemacht. Er liegt gerade im Krankenhaus, und ich weiß nicht, ob ich ihn besuchen soll oder ob es besser ist, wenn ich es nicht tue."

„Würden Sie ihn denn gerne besuchen?"

„Ich bin hin- und hergerissen. Ich weiß einfach nicht mehr, was richtig ist. Einerseits meine ich schon, wo er jetzt doch so daliegt, aber nach allem, was war ..."

„Was meinen denn Ihre Kinder?"

„Die haben noch Angst vor ihm, aber die Melanie hat gemeint, daß wir Papa doch besuchen müßten, jetzt, wo er im Krankenhaus liegt."

„Und wie ist es mit Ihnen, wenn Sie einmal ganz aufhören zu denken und Sie nur auf Ihr Gefühl achten?"

„Auf mein Gefühl? Wenn ich nach meinem Gefühl ginge, dann würde ich ihn, glaube ich, besuchen."

„Warum?"

„Er ist ja schließlich noch mein Mann. Und dann auch wegen dem Gerede. Wenn ich ihn nicht besuche, heißt es doch gleich wieder, die hat den armen Mann noch nicht einmal besucht, ist ja kein Wunder, daß der trinkt, bei so einer Frau."

„Und warum folgen Sie Ihrem Gefühl nicht?"

„Sie meinen, ich soll ihn besuchen?"

„Ich meine, daß Sie sich besser fühlen, wenn Sie Ihrem Gefühl folgen. Solange Sie Ihren Gefühlen folgen, können Sie nichts falsch machen."

„Ja, aber ..."

„Was befürchten Sie?"

„Ich kann mir schon denken, was dann kommt. Dann liegt er mir wieder in den Ohren, ich solle zu ihm zurückkehren und daß jetzt bestimmt alles anders würde, daß er sich bessern wolle und so weiter."

„Und davor haben Sie Angst?"

„Ja. Dann weiß ich wieder nicht, was ich tun soll. Mein Gewissen drängt mich dann, wieder zu ihm zurückzukehren. Und dann fängt das Hoffen und Bangen wieder an und – ach, ich weiß nicht."

„Dann trinkt er wieder."

„Ich halte das nicht mehr aus. Ich kann doch selber nicht mehr!"

„Dann folgen Sie doch auch hier Ihrem Gefühl und bleiben Sie fest. Letztlich ist es doch nicht nur für Sie, sondern auch für Ihre Kinder wichtig."

„Aber die Versprechungen, die er mir bestimmt wieder macht. Ehe er das getan hat, hat er mir hoch und heilig versprochen, ganz gewiß nie wieder zu trinken und auch in eine Gruppe zu gehen. Und das kommt wieder, wenn ich ihn besuche, ich weiß das ganz genau. Und vielleicht stimmt es ja."

„Ich denke, Sie sollten sich hier nicht mehr irremachen lassen. Sie wissen doch aus Erfahrung, daß er seine Versprechungen gar nicht halten kann. Er ist schwer alkoholkrank, und deshalb geht es nicht. Er kann gar nicht aufhören. Und auch das mit der Gruppe ist in seinem Stadium eher eine Ausflucht, um den Schritt in eine stationäre Therapie nicht machen zu müssen. Es scheint ihm im Moment das geringere Übel. Aber auch dadurch wird er es aller Erfahrung nach nicht schaffen. Gruppenanschluß kann schon helfen, aber da darf die Erkrankung noch nicht so schwer sein. Und auch wenn er es wider Erwarten schaffen sollte, nichts mehr zu trinken, ist noch nicht viel gewonnen. Denn damit kann er nur schwer leben. Ihr Mann braucht dringend therapeutische Hilfe, damit er sich ändern kann und er aus seiner inneren Verzweiflung herauskommt. Und die kann er nur in einer Fachklinik finden. Das einzig Sinnvolle, was er in seinem jetzigen Zustand tun kann, ist, in eine Fachklinik zu gehen. Lassen Sie sich deshalb auf keinen Fall mehr herumkriegen. Jetzt haben Sie endlich diesen schweren Schritt geschafft, sich von Ihrem Mann zu trennen. Sie wissen nicht, ob Sie noch einmal die Kraft dazu haben werden."

„Was soll ich ihm denn nur antworten, wenn er mich wieder drängt? Ich habe mich nämlich inzwischen entschieden, ihn doch zu besuchen."

„Machen Sie ihm klar, daß Sie für seine Forderung eine Gegenleistung erwarten: Er geht in eine Fachklinik, und dann kehren Sie zu ihm zurück. Ich denke, das ist ein fairer Handel."

„Und wenn er nicht geht?"

„Dann brauchen Sie sich nicht schuldig zu fühlen. Ihr Mann muß dann eben die Folgen seiner Uneinsichtigkeit auf sich nehmen. Sie sind auf jeden Fall nicht verpflichtet, seine Krankheit länger mitzutragen, da er seinen Zustand ja ändern könnte."

„Ich glaube, ich versuch's einmal so. Vielen Dank!"

Mein Mann ist gerade in der Klinik zur Entgiftung und ich weiß nicht, wie ich mich jetzt verhalten soll

„Ich habe Ihre Adresse von der psychiatrischen Klinik erhalten, wo mein Mann gerade zur Entgiftung ist. Dort hat man mir empfohlen, mich an Sie zu wenden. Aber vielleicht sollte ich Ihnen zuerst Näheres erzählen, damit Sie Bescheid wissen. Mein Mann trinkt schon jahrelang. Es ist mit der Zeit so schlimm geworden, daß ich mich immer wieder gefragt habe, warum ich eigentlich nicht von ihm weggehe. Oft habe ich gedacht, wenn er noch einmal trinkt oder gar anfängt, mich zu schlagen, dann gehe ich. Manchmal war ich nahe daran. Aber Sie kennen das ja sicher. Am nächsten Morgen wußte er von allem nichts mehr, und da tat er mir wieder leid. Wenn er nüchtern ist, ist er ja ein ganz anderer. Jetzt, seit einer Woche, ist er endlich in der Klinik. Aber dazu hat es alles gebraucht. Ich glaube, wenn er nicht zusammengebrochen wäre, wäre er immer noch nicht gegangen. Aber ich rede, und Sie wollen sicher wissen, warum ich zu Ihnen gekommen bin?"

„Nun ja, ich nehme an, daß Sie irgendein Problem haben, das Sie gerne besprechen wollen."

„Das ist richtig. In der Klinik hat mir der Arzt gesagt, daß für meinen Mann eine Entziehungskur nötig wäre und daß das von der Beratungsstelle aus gemacht würde. Nun weiß ich aber nicht, ob das wirklich nötig ist."

„Wie kommen Sie zu der Ansicht?"

„Ganz einfach: mein Mann will nämlich nicht. Er sagt, diese Woche würde ihm schon reichen und er habe nun begriffen, um was es geht. Er läßt mir auch keine Ruhe mehr und drängt, ich solle ihn aus der Klinik rausholen. Er würde ganz bestimmt nicht mehr trinken."

„Wie oft hat er Ihnen das schon versprochen?"

„Sie meinen früher? – Ja, es stimmt. Das hat er schon sehr oft getan."

„Und ich nehme an, nie gehalten."

„Sie glauben, daß er jetzt auch nicht Wort hält?"

„Ja."

„Aber er ist doch jetzt in der Klinik. Hilft ihm denn das nichts? Er sagt doch, er habe es jetzt begriffen."

„Glauben Sie denn wirklich, daß sich bei Ihrem Mann jetzt schon Entscheidendes geändert hat?"

„So ganz nicht, Sie haben schon recht. Ich bin unsicher."

„Wenn es das hin und wieder auch einmal gibt, daß ein Alkoholkranker bereits nach einer Woche Entgiftung es wirklich schafft, danach nichts mehr zu trinken, so ist dies doch die berühmte Ausnahme von der Regel. Die Regel ist, daß es zur Behebung der Krankheit Alkoholismus wesentlich länger dauert. So wie Ihr Mann reagieren viele in der Entgiftung in maßloser Selbstüberschätzung und in der Hoffnung, ja nichts bei sich ändern zu müssen. Wenn der Arzt zu einer Entziehungskur rät, dann weiß der wahrscheinlich schon, warum er es vorschlägt. So, wie Sie Ihren Mann geschildert haben, glaube ich auch, daß eine Kur nötig ist. Denn das, was er jetzt macht, nennt man Entgiftung. Das ist eine rein medizinische Behandlung, bei der es darum geht, die Entzugssymptome abzumildern, ein eventuelles Delir zu verhindern und die durch den Alkohol bedingten körperlichen Schäden zu behandeln. Dies alles sind aber nur Folgen seines Trinkens. Der eigentliche Grund, warum er trinkt, liegt im seelischen Bereich und kann nur durch eine psychotherapeutische Behandlung verändert werden. Und diese dauert eben länger, in der Regel sechs Monate. Ich glaube, es leuchtet Ihnen selber ein, daß eine Krankheit, die eine Behandlungszeit bis zu sechs Monaten hat, nicht in einer Woche geheilt werden kann."

„Dann glauben Sie also nicht, daß ihm die Entgiftungsbehandlung etwas hilft?"

„Natürlich hilft sie ihm etwas. Aber eben nur körperlich. Doch nicht in seinem Drang nach Alkohol. Um diesen zu verändern, braucht es einfach mehr. Nämlich eine Entwöhnungsbehandlung, wie man das heute im fachlichen Sprachgebrauch nennt."

„Mein Mann sagt aber, eine solche Entwöhnungsbehandlung würde auch nichts nützen. Mit ihm wären einige in der Klinik, die eine solche Behandlung schon mitgemacht haben und denen es nicht geholfen hat. Die würden ihm alle davon abraten."

„Ja, ich kenne das. Ich könnte Ihnen in unseren Gruppen wesentlich mehr Leute zeigen, die eine Entwöhnungsbehandlung mitgemacht haben und denen diese genützt hat. In jede Entwöhnungsbehandlung werden Leute geschickt, die innerlich noch gar nicht bereit sind, mit Trinken wirklich aufzuhören. Und die werden auch nach einer solchen Behandlung irgendwann wieder rückfällig. Darunter gibt es auch Unverbesserliche, die einfach nicht bereit sind, auf Alkohol zu verzichten. Alle diese finden sich dann irgendwann, wenn ihr Trinken zu schlimm geworden ist, wieder in einer Entgiftungsbehandlung und versuchen, ihre eigene negative Einstellung anderen aufzuschwatzen. Ich kann Ihnen nur sagen, daß jeder, der wirklich ernsthaft vom Alkohol loskommen will und eine solche Therapie mitmacht, dies auch schafft."

„Sie meinen also, daß mein Mann eine solche Therapie mitmachen sollte?"

„Ehe ich Ihren Mann nicht kennengelernt und mit ihm gesprochen habe, kann ich Ihnen das nicht genau sagen. Aber ich nehme an, daß es das Beste sein wird."

„Und wie soll ich mich nun ihm gegenüber verhalten? Wenn ich heute wieder zu ihm komme, drängt er mich wieder, mit dem Arzt zu reden, daß er ihn nach Hause läßt."

„Ihr Mann ist doch sicher freiwillig zur Entgiftung?"

„Ja."

„Dann kann er auch wieder nach Hause, wenn er das will. Überlassen Sie es doch ihm selber, mit dem Arzt darüber zu reden. Andererseits finde ich es gar nicht gut, wenn Ihr Mann jetzt schon die Klinik verlassen will. Die Krankenkasse zahlt ihm drei Wochen Aufenthalt, und die sind in der Regel auch nötig, um wenigstens etwas Abstand vom Alkohol zu gewinnen. Versuchen Sie ihm lieber deutlich zu machen, daß es jetzt wichtig ist, daß er auch den nächsten Schritt macht, nämlich in eine Entwöhnungsbehandlung. Versuchen Sie, zusammen mit dem Arzt ein Gespräch darüber zu führen und Ihren Mann zu bitten, daß er auch bereit wird, zu einem Gespräch hierher in die Beratungsstelle zu kommen. Vielleicht wäre es auch gut, wenn er einmal zu uns in die Blaukreuzgruppe kommen würde, wo er Menschen kennenlernt, die eine solche Therapie erfolgreich abgeschlossen haben."

„Gegen solche Gruppen ist er auch. In der Klinik hat man ihm erzählt, daß die Leute in diesen Gruppen alle hintenrum trinken würden. Aber ich denke, daß dazu das gleiche gilt, was Sie vorhin schon zur Therapie gesagt haben?"

„Richtig. Wer nicht aufhören will mit Trinken, muß alles madig machen, was ihn vom Weitertrinken abhalten könnte. Aber ich denke, daß ich das Ihrem Mann selber sagen kann, wenn er den Schritt hierher wagt. Und in unserer Gruppe wird er schnell erfahren, daß das alles so nicht stimmt."

„Ich bin froh, daß Sie das gesagt haben. Nun sehe ich selber wieder klar und kann versuchen, mit meinem Mann darüber zu sprechen. Ich hoffe, daß ich bald mit ihm bei Ihnen vorbeikommen kann."

Mein Sohn vertrinkt sein ganzes Geld.
Soll ich ihn entmündigen lassen?

„Ich bin zu Ihnen gekommen, weil ich gerne von Ihnen erfahren möchte, wie das mit einer Entmündigung ist. Der Arzt hat mir nämlich geraten, ich soll meinen Sohn entmündigen lassen. Sie wissen ja sicher, daß er gleich nach seiner Kur wieder angefangen hat zu trinken."

„Ja, ich habe davon gehört. Leider war er nie bereit, sich einer Gruppe anzuschließen."

„Eben. In eine Gruppe wäre der nie gegangen. Der geht doch viel lieber in eine Gaststätte. Ich habe so gehofft, daß die Kur ihm hilft und ich endlich das Problem loshabe. Ich bin schließlich schon alt und kann das nicht mehr mitmachen. Wenn sein Vater noch leben würde, könnte er sich das alles nicht erlauben ..."

„Wie kommt es denn, daß der Arzt zur Entmündigung rät?"

„Wir haben ihn ins Krankenhaus schaffen müssen. Der hat in letzter Zeit nur noch getrunken und ist immer mehr abgemagert. Dann hat er Wasser bekommen. Sein ganzer Bauch war aufgetrieben. Ich habe immer gesagt, er soll zum Doktor gehen, aber er hört ja nicht. Gestern morgen ist er umgefallen und hat einen Anfall bekommen. Meine Tochter hat dann den Sanitätswagen angerufen. Bis der gekommen ist, hat er noch zwei Anfälle gehabt. Im Krankenhaus ging es dann weiter. Jetzt liegt er auf der Intensivstation. Der Arzt hat gesagt, er hat bereits Leberzirrhose. Die Rentenversicherung hat auch geschrieben, daß sie ihm keine Kur mehr genehmigt, da nach einem ärztlichen Gutachten seine Arbeitsfähigkeit nicht mehr hergestellt werden könnte. Jetzt wird er vielleicht Frührentner. Darum hat mir der Arzt geraten, ich soll ihn entmündigen lassen. Können Sie mir sagen, wie das vor sich geht?"

„Eine Entmündigung oder eine Pflegschaft müssen Sie grundsätzlich über das Gesundheitsamt beantragen, weil dazu ein amtsärztliches Gutachten erforderlich ist."

„Was ist denn besser, eine Entmündigung oder eine Pflegschaft?"

„Das kommt darauf an, was Sie erreichen möchten. Beides ist zunächst gleich. Auch bei einer Pflegschaft wird gewöhnlich das Aufenthaltsbestimmungsrecht entzogen und das Verfügungsrecht über das Geld, wie bei einer Vormundschaft. Der einzige Unterschied ist, daß eine Pflegschaft freiwillig ist und Ihr Sohn dazu ja sagen muß, während eine Entmündigung verfügt wird, auch gegen seinen Willen."

„Freiwillig ist der nie dazu bereit. Der gibt doch sein Geld nicht ab. Der hat eine Nachzahlung von 5 000 Mark bekommen, davon hat er mir nicht einen Pfennig gegeben. Im letzten halben Jahr hat er mir nur 500 Mark gegeben, und ich habe doch nur eine kleine Rente. Der vertrinkt alles. Vielleicht macht er sich damit auch Freunde ..."

„Wenn das so ist, wird es besser sein, Sie beantragen eine Entmündigung, damit zumindest einmal sein Arbeitslosengeld sichergestellt wird und Sie regelmäßig Ihr Kostgeld bekommen. Sie müssen nur darauf achten, daß nicht Sie zum Vormund bestellt werden, denn dann geht es gerade so weiter wie vorher. Wenn er einen Vormund hat, der durchgreifen kann, kommt er nicht mehr an sein Geld heran und kann dann auch nicht mehr soviel trinken wie bisher."

„Glauben Sie ja nicht, daß dem das was ausmacht. Wenn der kein Geld mehr hat, dann läßt er anschreiben. Neulich hat er sogar seinen Ausweis verpfändet. Der Wirt kam dann zu mir und wollte das Geld."

„Und Sie haben es ihm sicher gegeben?"

„Was sollte ich denn machen? Er hat damit gedroht, daß er sonst zur Polizei gehen würde."

„Haben Sie eigentlich schon einmal darüber nachgedacht, daß Sie Ihren Sohn in seinem Trinken noch unterstützen? Er kann bei Ihnen wohnen, bekommt sein Essen, Sie waschen seine Wäsche, und er muß noch nicht einmal dafür bezahlen. Er hat sein ganzes Geld zum Trinken zur Verfügung. Und wenn er einmal in Schwierigkeiten kommt, helfen Sie ihm auch noch raus."

„Was soll ich denn machen? Wenn ich etwas zu ihm sage, dann droht er mir, er würde die Wohnung anzünden. Der macht ja noch ganz andere Sachen. Letztes Jahr hat er sich ein Auto für 20 000

Mark gekauft und nichts davon bezahlt. Mein Schwiegersohn hat es dann für ihn verkauft, damit wir wenigstens den größten Teil der Schulden abbezahlen konnten."

„Da haben wir's ja wieder. Wenn Ihr Sohn in Schwierigkeiten kommt, dann hilft letztlich die ganze Familie ihm wieder raus. Können Sie mir einen Grund sagen, warum er aufhören soll mit seinem Trinken? Es geht ja immer wieder gut. Und wenn er dann umfällt, dann kommt er wieder ins Krankenhaus. Und dort wird er wieder aufgepäppelt, und dann kann er wieder weitertrinken."

„Nein, er hat mir versprochen, er will jetzt aufhören."

„Glauben Sie das nach all dem, was bisher war?"

„Nein, so richtig nicht. Als er das letzte Mal im Krankenhaus war, war er sogar dort voll. Sein Zimmerkollege hat immer Wein gebracht, und da hat er fleißig mitgetrunken."

„Es wird besser sein, Sie unternehmen wirklich etwas und lassen ihn entmündigen. Denn wenn er so weitertrinkt wie bis jetzt, lebt er nicht mehr lange. Wenn Sie nichts unternehmen, machen Sie sich mitschuldig am Tod Ihres Sohnes. Denn Ihre Unterstützung ist für ihn lebensgefährlich. Dem muß unbedingt ein Riegel vorgeschoben werden. Wenn er nicht von alleine zur Vernunft kommt, dann muß es eben erzwungen werden."

„So habe ich es bisher nicht gesehen. Aber Sie haben ja recht. Ich will es aber vorher noch mit meiner Tochter besprechen. Denn wenn ich ihn entmündigen lasse, dann wird er böse, und ich muß mit ihm dann auskommen."

„Ich glaube, das ist immer noch besser, als wenn er sich vollends zu Tode trinkt. Und denken Sie immer daran, wenn er einen Vormund hat, haben Sie in diesem auch Unterstützung."

„Ja, ich glaube, ich muß es machen."

Gibt es denn keine Tabletten gegen das Trinken?

„Ich habe gehört, es gibt eine Tablette, wenn man die einnimmt, kann man nicht mehr trinken!"

„Sie meinen sicher Antabus?"

„Ja, genauso heißt sie. Meinen Sie, das hilft, wenn ich die meinem Mann verschreiben lasse?"

„Das kommt darauf an. Helfen kann sie nur, wenn Ihr Mann sie freiwillig nimmt."

„Kann ich ihm denn diese Tablette nicht auch gegen seinen Willen geben oder heimlich?"

„Nein, das geht nicht. Wenn der Alkoholkranke nicht grundsätzlich bereit ist, mit dem Trinken aufzuhören, hilft die Tablette auch nichts. Natürlich kann er nicht gleich trinken, wenn er eine Tablette intus hat, aber Alkoholkranke kennen schon die Tricks, wie man die Wirkung der Tablette umgeht. Nur bei dem, der wirklich mit Trinken aufhören will, sich aber nicht stark genug fühlt, der Versuchung zu widerstehen, kann die Tablette bewirken, daß er an diesem Tag, wo er sie eingenommen hat, nicht mehr trinkt. Die Tablette hat sicher auch eine psychologische Wirkung. Wenn man morgens eine eingenommen hat mit der Absicht, nicht trinken zu müssen, taucht in der Regel der Gedanke an Trinken gar nicht auf, weil man von vornherein weiß, daß es ja doch keinen Sinn hat."

„Dann hat die Tablette ja doch einen Wert?"

„Natürlich, aber eben nur, wenn der Alkoholkranke damit seinen Willen, nicht zu trinken, unterstützen will. Ansonsten hilft sie nicht, weil es bestenfalls nur eine Zwangsabstinenz ist, die man mit allen Tricks zu beenden versucht. Und wenn sie heimlich gegeben wird, kann es sogar zu schwerwiegenden gesundheitlichen Komplikationen kommen. Antabus mit Alkohol erzeugt nämlich im Körper eine Vergiftung, die zum Erbrechen reizt, aber auch bis zum Kreislaufkollaps führen kann. Darum dürfen Sie Ihrem Mann Antabus unter keinen Umständen heimlich geben. Er muß wissen, daß er eine genommen hat und muß auch die Wirkung kennen für den Fall, daß er darauf trinkt."

„Aber es gibt doch sicher auch noch andere Tabletten gegen das Trinken? Ein Bekannter hat meinem Mann erzählt, er bekäme vom Arzt Tabletten, und seit er die nehmen würde, ginge es ihm gut, und er müßte nicht mehr trinken."

„Vermutlich ist das ein Beruhigungsmittel. Gewonnen ist dadurch gar nichts, weil damit nur der Alkohol gegen dieses Mittel ausgetauscht wird. Alle diese Mittel haben nämlich eine ähnliche Wirkung wie Alkohol und können diesen darum sehr gut ersetzen. Der einzige Unterschied zwischen einem Alkoholrausch und einem Tablettenrausch ist der, daß man beim Tablettenrausch keine Fahne hat."

„Aber der Arzt hätte ihm gesagt, diese Tablette würde nicht abhängig machen!"

„Das kommt darauf an, wie man's sieht. Viele Ärzte hängen noch dem alten Suchtbegriff an. Früher wurde dann von Sucht gesprochen, wenn man körperlich von einem Mittel abhängig geworden war. Heute weiß man, daß die eigentliche Sucht – oder besser gesagt: die Abhängigkeit – eine seelische ist, nämlich das starke Bedürfnis, die schmerzlichen Gefühle mit Hilfe des Suchtmittels zu erleichtern und damit die Stimmung aufzuhellen. Die körperliche Abhängigkeit kommt dann nur noch als schwere Komplikation hinzu. Bei einer seelischen Abhängigkeit, so wie man sie heute versteht, geht es überhaupt nicht darum, daß einen ein Mittel abhängig macht, sondern es ist umgekehrt so, daß man sich von diesem Mittel abhängig macht, weil man es immer öfter und in immer größeren Dosen braucht, und man fühlt, daß man ohne die Wirkung dieses Mittels nicht mehr zurechtkommt. Der Arzt hat nur insofern recht, als es sich wahrscheinlich um eine Tablette handelt, die körperlich nicht abhängig macht. Aber damit ist nicht viel gewonnen. Ausgeschaltet bleibt nur die Komplikation einer körperlichen Abhängigkeit. Sich abhängig machen kann man aber von jedem Mittel, das einem bessere Gefühle verschafft. Und insofern sind diese Tabletten nicht besser als Alkohol."

„Dann helfen diese also auch nichts?"

„Nein, beziehungsweise nur vorübergehend. Dann gerät man

immer mehr vom Regen in die Traufe und steigt vom Alkohol um auf die Tablette. Alkoholkranke haben den Slogan entwickelt: ‚Nach der Pulle nicht die Pille.' Gegen Alkoholismus ist noch kein Kraut gewachsen, und es wird auch nie eine Pille dagegen geben, weil Alkoholismus im Prinzip die Unfähigkeit ist, mit dem Leben zurechtzukommen. Und jedes Mittel, das helfen kann, mit sich besser klarzukommen, wird zu einem Mittel, von dem man sich dann notwendigerweise abhängig macht."

„Aber es muß doch eine Möglichkeit geben, vom Alkoholismus loszukommen?"

„Natürlich gibt es die. Aber die besteht in einer Therapie, in der man lernt, ohne Hilfsmittel mit seinem Leben wieder zurechtzukommen."

„Und wie sieht eine solche Therapie aus?"

„Zunächst einmal so, daß man längere Zeit an sich arbeitet. Das kann unter Umständen ambulant geschehen, wird in der Regel aber in einer Fachklinik durchgeführt, wobei die Therapie – von Ausnahmen abgesehen – vier bis sechs Monate, in schweren Fällen sogar noch länger dauert. Aber ich nehme an, Sie interessieren sich auch dafür, wie es in einer solchen Klinik zugeht?"

„Ja, genau. Daß eine solche Kur vier bis sechs Monate dauert, habe ich schon gehört. Ich habe bis jetzt nur gedacht, daß das doch zu lange ist. Mein Mann ist sicher auch nicht bereit, so lange fortzugehen."

„Ich könnte mir denken, daß Ihr Mann, wenn es für ihn notwendig wird und er das selber erkennt, auch bereit wird zu gehen. Denn diese Zeit ist nicht zu lang, sondern eher zu kurz. – In einer Therapie geht es kurz gesagt darum, daß man in der Gruppe oder im Einzelgespräch lernt, über sich zu reden und aus den Reaktionen der anderen zu erkennen, wo man mit sich und den anderen nicht richtig zurechtkommt. Und das braucht erfahrungsgemäß längere Zeit. Hat man das aber einmal begriffen, geht es um das noch Schwerere, sich in seinem Verhalten zu ändern, sich positiver und gesünder zu verhalten, Hemmungen abzubauen, zu lernen, sich mehr durchzusetzen, sich selbst so, wie man ist, anzunehmen und zu lernen, für sich selbst Verantwortung zu übernehmen. Das ist alles nicht so einfach, weil man sich sein ganzes Leben bisher anders verhalten und gelernt hat, seinen Problemen lieber auszuweichen, anstatt sie anzupacken und sie zu lösen. Und das braucht alles seine Zeit. Die Fachkliniken bieten durch verschiedene andere Therapieformen eine Menge Trainingsmöglickeiten an, aber auch das Training geht nur langsam voran. Therapie ist im Grunde eine Lebensschule, in der man nicht nur lernt; man muß auch alles verarbeiten können und es fertigbringen, das Gelernte in seinen Alltag umzusetzen. Und damit beginnt die eigentliche Therapie erst nachher, wenn man wieder zu Hause ist."

„So wie Sie das sagen, heißt das doch aber: man macht sich dann von der Therapie abhängig."

„Nein, das heißt es eben nicht, weil einen die Therapie befähigt, mit sich selbst zurechtzukommen, so daß man das nach einiger Zeit einfach kann und dazu dann keine Therapie mehr braucht. Richtig ist nur, daß man noch einige Zeit einen therapeutischen Rahmen in Form einer Abstinenzgruppe braucht, weil es erfahrungsgemäß drei bis fünf Jahre dauert, bis man dieses Ziel erreicht hat."

Sagen Sie, wie entsteht eigentlich Alkoholismus?

„Ich habe schon so oft davon gehört, daß der Vater und der Groß-vater schon getrunken haben. Ist Alkoholismus eigentlich erblich?"

„Nach allem, was man bis heute weiß, nein. Man konnte noch in keinem Fall Faktoren finden, die dafür sprechen, wenn es auch Untersuchungen gibt, die in die erbliche Richtung deuten. Aber selbst, wenn hier etwas entdeckt würde, käme bestenfalls eine grö-ßere Neigung zum Alkohol heraus oder eine stärkere Reaktion auf Alkohol. Im Grunde ist das gar nicht wichtig, weil es auch eine Übertragung vom Vater auf den Sohn gibt, die nichts mit Verer-bung, sondern mit Erziehung zu tun hat. Aber es stimmt tatsäch-lich, die meisten Alkoholkranken stammen aus einer Familie, in der Vater oder Mutter selbst alkoholkrank waren."

„Genauso ist es bei meinem Mann. Sein Vater war auch Alkoho-liker. Darum interessiere ich mich dafür. Könnten Sie mir die Zu-sammenhänge näher erklären?"

„Gerne. Auffällig bei Alkoholkranken ist, daß sie sich im Leben in der Regel stärker bedroht fühlen als andere und darum natürlich auch ängstlicher sind.

Außerdem ist der Alkoholkranke meist weniger belastbar als an-dere, nervöser, angespannter, unsicherer und weniger mit sich selbst zufrieden. Oft reagiert er auch depressiv. Von allen diesen Gefühlen und Verhaltensweisen aber weiß man, daß sie nicht verer-bt, sondern erworben werden. Gewöhnlich ist der Vater oder die Mutter auch so. Sind Eltern ängstlich, werden es in der Regel die Kinder auch. Fühlen sich die Eltern unwichtig, tun es auch die Kin-der. Hinzu kommt oft noch eine verwöhnende oder hart strafende Erziehung. Beides macht das Kind ängstlich. Der Verwöhnte hat nie gelernt, für sich selbst zu sorgen, und hat, weil er nicht weiß, wie man das macht, auch Angst davor. Aber er hat auch im späte-ren Leben noch den gleichen Anspruch und die gleiche große Erwartung, daß ihm alles zufliegen muß. Derjenige, mit dem viel geschimpft wird, der bestraft und geschlagen wird, traut sich mit der Zeit gar nichts mehr zu, hat aber auch viele ungestillte Bedürfnisse."

„Genau wie bei meinem Mann. Der ist wegen der geringsten Sache gleich angeschrien und geschlagen worden. Aber wie geht es nun zu, daß jemand Alkoholiker wird?"

„Hat nun jemand eine solche Veranlagung erworben, die ihn im Grunde lebensuntüchtig macht, die in jedem Fall dazu führt, daß dieser Mensch sich gehemmter fühlt als andere, dann stellt er auch bald fest, daß er anderen gegenüber, die diese Ängste und Hemmungen nicht haben, die sich wichtig fühlen und die sich das Stück des Kuchens nehmen, das sie wollen, ins Hintertreffen gerät. Und dann leidet er ziemlich stark. Trinkt er nun Alkohol, völlig normal, wie jeder andere auch, dann macht er die für ihn beglückende Beobachtung, daß er sich mit Alkohol mutiger fühlt und er plötzlich auch mithalten kann."

„Ja, das stelle ich auch bei meinem Mann fest. Wenn er was getrunken hat, dann wird er plötzlich gesprächig und trumpft auf, wie er sich das nüchtern nie getrauen würde."

„Es gibt natürlich noch andere Stimmungen, gegen die Alkohol scheinbar hilft. Wenn man einsam ist, tröstet er, wenn man Schlimmes vergessen will, kann man sich mit Alkohol betäuben. Es gibt im Prinzip viele Gründe fürs Trinken, die ich Ihnen jetzt nicht alle aufzählen will. Wichtig ist, daß Sie verstanden haben: Am Anfang trinkt der Alkoholkranke wegen seiner Probleme – wobei er selbst das oft gar nicht gleich bemerkt. Er meint, es läge an anderen Dingen. Trotzdem bleibt er beim Trinken, weil er zumindest ahnt, daß er sich mit Alkohol schnell besser fühlt. Diese Zeit, oder besser: die Phase des Erkennens, daß man sich mit Alkohol helfen kann, nennt man die ‚Voralkoholische Phase'. Und mit dieser Phase beginnt gewöhnlich die Abhängigkeit, weil jetzt ein Mensch endlich das Mittel gefunden hat, mit dessen Hilfe er auch so wie andere leben und mit anderen mithalten kann. Alkoholtrinken gegen gefühlsmäßige Störungen wird darum immer mehr zur Gewohnheit. Und da er sich durch dieses gewohnheitsmäßige Trinken an Alkohol gewöhnt, wirkt der bald nicht mehr so wie am Anfang, so daß er die Menge steigern muß. Bald kommt es zu ersten Ausfallserscheinungen im Denken. Vor allem fehlen oft einige Momente im Leben, an die er sich nicht mehr erinnern kann. Aber das Wesentliche ist: der beginnende Alkoholkranke spürt, daß er mit Trinken eine Schwäche überspielt und damit anders trinkt als andere. Darum schämt er sich, vermeidet deshalb Gespräche über Alkohol. Und wenn Sie Ihren Mann an den Fernseher bekommen wollen, weil da eine Sendung über Alkohol kommt, mag er nicht."

„Ja, da haben Sie vollkommen recht. Genauso ist er."

„Der werdende Alkoholkranke versteckt jetzt auch schon Flaschen und trinkt heimlich, eben weil er sich schämt und nicht will, daß jemand etwas von seinem übermäßigen Trinken merkt. Damit ist er bereits in der ‚Vorläuferphase‘ der Sucht, der zweiten Phase einer Suchtentwicklung."

„Nach dem, was Sie sagen, muß mein Mann da bereits sein."

„Die dritte Phase, die sogenannte ‚Kritische Phase‘, beginnt damit, daß der Alkoholkranke jetzt versucht, weniger als vorher zu trinken, weil man ihm Vorhaltungen macht und ihn ermahnt, vielleicht auch, weil er selbst merkt, daß er zuviel trinkt. Und jetzt macht er die Entdeckung, daß er gar nicht weniger trinken kann. Immer wieder trinkt er mehr, als er sich vorgenommen hat."

„Ja, das kenne ich auch. Mein Mann hat schon so oft versprochen, weniger zu trinken. Und dann war er doch wieder ganz schön angetrunken."

„Das, was sich jetzt abspielt, nennt man den ‚Kontrollverlust‘. Das heißt, der Alkoholkranke hat sich längst an eine bestimmte Alkoholmenge gewöhnt, die er braucht, um sich besser zu fühlen, so daß er gar nicht mehr weniger trinken kann, weil sonst die Gefühlsveränderung nicht eintritt. Und wenn er schon mit dem Wunsch trinkt, sich danach besser zu fühlen, dann muß er eben auch die dazu nötige Alkoholmenge trinken. Davon weiß der Alkoholkranke aber in der Regel nichts. Er meint immer noch, seinen Alkoholkonsum regulieren zu können. Darum ist es ihm selbst unheimlich, wenn er immer wieder mehr trinkt, als er sich vorgenommen hat. Und mit der Zeit erlebt er das immer mehr als Versagen. Die ganze Kritische Phase ist gekennzeichnet von dem Versuch, den Kampf gegen den Alkohol zu gewinnen, um sich nicht eingestehen zu müssen, daß man bereits abhängig ist."

„Ich glaube, dann ist mein Mann schon in der Kritischen Phase. Gibt es dafür noch mehr Kennzeichen?"

„Natürlich. Die will ich Ihnen aber nicht alle aufzählen. Ich gebe Ihnen gerne etwas mit, worin Sie die Phasen abgedruckt und erklärt finden. – Sie können dieses Büchlein*) auch gerne Ihrem Mann geben. Vielleicht hilft es ihm, schneller zu erkennen, daß er krank ist. Nur noch eines: Im Verlauf der Kritischen Phase kommt es gewöhnlich noch zu einer körperlichen Abhängigkeit vom Alkohol, die zu der bis jetzt beschriebenen seelischen Abhängigkeit hinzukommt. Das heißt, daß jetzt der Körper nach Alkohol verlangt und mit Unruhe, Schlaflosigkeit und Zittern reagiert, wenn der Alkohol abgebaut und aus dem Körper ausgeschieden ist. Diese körperliche Abhängigkeit zwingt nun den Alkoholkranken, auch aus diesem Grunde zu trinken, so daß er immer unfähiger wird, einmal eine Zeitlang auszusetzen, was er vorher durchaus noch konnte."

„Das habe ich bis jetzt bei meinem Mann noch nicht beobachtet. Gezittert hat er noch nicht."

„Das deutet darauf hin, daß Ihr Mann zwar alkoholkrank ist, bereits in der Kritischen Phase, da aber noch am Anfang."

„Heißt das dann, daß es noch nicht so schlimm mit ihm steht?"

„Je nachdem. Ehemalige, die früher alkoholabhängig waren, haben den Vergleich geprägt, daß es sich bei Alkoholismus wie bei einer Schwangerschaft verhält. Anfangs merkt man selber noch nichts. Dann – in der Phase, die dem Krankheitsgeschehen vorausgeht – ahnt der Gefährdete etwas, aber die anderen wissen es noch nicht. Und ab der Kritischen Phase merken es dann auch die anderen – und ich muß Ihnen das noch weiter erklären: es geht immer schlimmer weiter, hinein in die ‚Chronische Phase'. Und so, wie eine Schwangerschaft nicht von alleine aufhört, so ist es auch beim Alkoholismus. Und so wird sich der Zustand Ihres Mannes mit der Zeit auch verschlimmern, es sei denn, er macht einen ‚Schwangerschaftsabbruch' in Form einer Therapie – bei Alkoholismus ist das nämlich erlaubt und sogar sehr wichtig, daß man ihn nicht bis zum bitteren Ende durchlebt."

*) Katz u.a., Alkoholismus – Hilfe ist möglich, Seiten 26 - 27 (Blaukreuz-Verlag Wuppertal)

60

„Und wie lange kann das noch dauern?"

„Das ist ganz unterschiedlich. Beim einen geht es ziemlich schnell, beim anderen zieht es sich über Jahre hin. In jedem Fall sind es bittere Jahre!"

„Sie meinen also, es ist besser, vorher mit Trinken aufzuhören, ehe es ganz schlimm wird?"

„In jedem Fall. Denn es ist ja nicht nur schlimm für Ihren Mann, auch Sie und Ihre Kinder werden immer mehr darunter zu leiden haben. Denn in der Kritischen Phase entwickelt sich die Krankheit besonders schnell. Man nennt sie auch die eigentliche Krankheitsphase, denn jetzt tritt der Alkohol immer mehr in den Vordergrund und wird zum eigentlichen Problem. Hat man anfangs noch wegen seiner Probleme getrunken, erzeugt das Alkoholtrinken nun eigene, zusätzliche Probleme, die mit der Zeit immer beherrschender werden. Der Alkohol fängt an, den Körper zu schädigen. Wegen des ständigen Betrunkenseins bekommt man Ärger; der Alkoholkranke schämt sich immer mehr seines Zustandes, und in der Familie treten eben immer größere Schwierigkeiten auf. Nun fängt der Alkohol an, zum größten Problem zu werden. Darum spricht man spätestens von jetzt an von Alkoholismus. Und irgendwann in dieser Phase gibt der Alkoholkranke den Kampf gegen den Alkohol auf.

Er hat begriffen, daß er nicht gewinnen kann, er fühlt sich als totaler Versager und resigniert. Er ergibt sich kampflos dem Trinken. Damit ist er in der vierten Krankheitsphase, der ‚Chronischen Phase', wo er immer wieder hemmungslos trinkt und die körperlichen und geistigen Schäden immer stärker in Erscheinung treten. Am Arbeitsplatz und in der Familie und Freundschaft kommt es jetzt zu den größten Problemen, wenn nicht schon vorher die Familie und die Freundschaft kaputtgegangen sind und der Arbeitsplatz verloren ist. Am Ende steht gewöhnlich der völlige Ruin. Der Magen, das Herz und die Leber sind schwer geschädigt, auch kommt es manchmal zu geistigen Störungen. Und oft tritt ein Alkoholdelir auf, das tödlich verlaufen kann, wenn es nicht behandelt wird."

„Wie Sie sagten, muß man es aber so weit nicht kommen lassen. Man kann etwas dagegen tun."

„‚Man' oder Sie können ganz sicher nichts dagegen unternehmen.

Der Alkoholkranke aber kann. Er kann praktisch an jedem Punkt den Krankheitsverlauf unterbrechen, wenn er dazu bereit ist."

„Aber warum tut er es denn nicht? Wenn man einen Alkoholkranken aufklärt, wie das ist, dann müßte der doch aufhören."

„Dafür gibt es viele Gründe. Zum einen glauben die meisten nicht, daß sie wirklich alkoholkrank sind und das Gesagte dann auf sie zutrifft. Außerdem haben die meisten ein völlig falsches Bild vom Alkoholismus. Alkoholiker ist einer, wenn er jeden Tag ‚saufen' muß und ‚voll' ist und sein ganzes Geld vertrinkt. Wenn er seine Frau und seine Kinder verprügelt und nicht mehr arbeiten geht. Und da man selber noch lange nicht so ist, kann man auch kein Alkoholiker sein. Und in diesem Bild haben Sie auch den Grund, warum sich viele scheuen, zu den ‚Alkoholikern' gehören zu wollen. Alkoholiker sein ist nach Ansicht vieler Leute – und vor allem bei stark gefährdeten Menschen – so ziemlich das Schlimmste, was es gibt. Etwas Verachtenswertes! Außenseiter der Gesellschaft. Wer wird denn bei so viel falscher Vorstellung ohne weiteres bereit sein zuzugeben: ‚Ich bin auch so einer'? Dagegen wehrt sich – ganz normal – ein jeder so lange, bis er nicht mehr anders kann. Es ist tragisch wegen der Folgen, aber es ist nun einmal so."

„Das leuchtet ein, was Sie sagen. – Aber stimmt es denn nicht, daß diese heruntergekommenen Menschen Alkoholiker sind?"

„Natürlich stimmt das. Es sind auch Alkoholkranke – im Endstadium der Krankheit. Es sind meistens solche, die nie bereit waren, sich helfen zu lassen. Aber man kann nicht einfach sagen, das sind ‚die Alkoholiker'. Die Mehrzahl aller Alkoholkranken ist viel unauffälliger, so wie ich es Ihnen beschrieben habe. Und keiner ist dazu verdammt, es so weit kommen zu lassen."

„Also ich verstehe das nicht, ich wollte nie so weit runterkommen. Das ist ja furchtbar."

„Jemand, der von der Krankheit nicht betroffen ist, kann das auch nur schwer verstehen. Aber es gibt ja noch einen weitaus stärkeren Grund, nicht zugeben zu wollen, alkoholkrank zu sein, denn das heißt ja in aller Konsequenz, dann nie mehr Alkohol trinken zu können! Nie mehr das Getränk trinken, das zur unentbehrlichen Medizin geworden ist, ohne das zu leben man sich gar nicht mehr vorstellen kann. Nie mehr Alkohol, den man doch so dringend wie die tägliche Nahrung braucht, ja oft dringender als Nahrung. Das können die meisten Alkoholkranken sich einfach nicht vorstellen, ehe ihre Krankheit einen Grad erreicht hat, über den sie nicht mehr hinauswollen."

„Gibt es das denn, daß man so sehr am Alkohol festhält, wenn man doch merkt, daß er einen ins Elend führt?"

„Darf ich Ihnen eine persönliche Frage stellen?"

„Ja, bitte."

„Wie oft haben Sie schon versucht, weniger zu essen, weil Sie sich zu dick vorgekommen sind?"

„Ich? ... O ja, da haben Sie recht. Ich habe es schon oft versucht und einfach nicht geschafft. Aber das ist doch nicht das gleiche?"

„Nun, sicher nicht genau das gleiche, aber durch zuviel Essen schadet man sich körperlich und seelisch auch. Und man möchte weniger essen und schafft es nicht. Man ißt eben doch immer wieder mehr, als man will – und genauso ist es beim süchtigen Trinken. Sie können da schon einen Vergleich herstellen."

„Sie meinen, obwohl es mit Essen nicht so schlimm wie mit Trinken ist, schafft man es trotzdem nicht? Und daß man daran ablesen kann, daß es beim Trinken noch viel schwerer ist aufzuhören?"

„Nicht ganz genau. Es ist nur schwieriger, weniger zu trinken. Aufhören kann man schon, wenn man dazu bereit wird. Aber man darf dann nie mehr trinken, wenn man nicht rückfällig werden will."

„Dann kann der Alkoholkranke nachher wirklich keinen Schluck Alkohol mehr trinken? Auch nicht zum Essen oder bei Besuch?"

„Nein. Die Krankheit Alkoholismus besteht eben gerade darin, daß der Kranke, wenn er angefangen hat zu trinken, nicht einfach aufhören kann, auch wenn er es möchte, sondern er eben, wie ich Ihnen erklärt habe, weitertrinken muß. Und dagegen hilft nur die totale Alkoholabstinenz – oder es geht so weiter, wie ich es Ihnen geschildert habe."

„O vielen Dank dafür, daß Sie mir das gesagt haben. Ich muß unbedingt mit meinem Mann darüber reden."

Mein Mann lügt, ich kann ihm nicht mehr glauben

„Sie machen sich keine Vorstellung darüber, wie mich das fertigmacht, daß mein Mann so lügt. Ich merke es doch, wenn er was getrunken hat. Schon wenn er zur Tür reinkommt, weiß ich es. Da brauche ich noch gar nichts zu riechen. Aber er behauptet steif und fest, er hätte nichts getrunken. Ich werde manchmal richtig böse. Aber zumeist bin ich maßlos enttäuscht. Und wenn er es dann doch mal zugibt, dann immer wieder diese Versprechungen, es nicht mehr zu tun. Aber ich merke immer wieder schnell, daß er dann doch wieder getrunken hat. Ich kann ihm nicht mehr trauen. Ich glaube, er lügt mich nur noch an."

„Haben Sie eigentlich schon einmal darüber nachgedacht, warum Ihr Mann so lügt?"

„Ich weiß es nicht. Es ist mir auch egal. Ich weiß nur, daß ich so nicht mehr weitermachen kann. Wenn Sie immer wieder angelogen werden und oft noch dazu so plump, dann wollen Sie irgendwann auch nicht mehr. Es hat ja doch alles keinen Wert. Ich kann es ihm auf den Kopf zusagen, daß er wieder getrunken hat. Aber je mehr ich es ihm sage, desto energischer streitet er es ab. Dabei kann er eine Fahne drei Meter gegen den Wind haben. Wir streiten uns dann nur. Und dann geht er oft nochmals fort und kommt erst spät nachts stark betrunken nach Hause."

„Hat er denn früher auch schon gelogen?"

„Früher? Nein, das ist eigentlich erst gekommen, seit er mehr trinkt. Früher war er überhaupt ganz anders. In letzter Zeit verändert er sich immer mehr zum Schlechteren hin. Ich weiß bald nicht mehr, was ich noch machen soll."

„Ich möchte gerne versuchen, Ihnen einen Ausweg aus dieser Situation zu zeigen. Dazu ist es aber nötig, daß ich Ihnen erst einmal ein wenig Verständnis für den Alkoholkranken vermittle. Denn alkoholkrank ist Ihr Mann, so wie Sie ihn schildern, ziemlich sicher. Er ist zwar vermutlich noch mehr am Anfang dieser Krankheit, aber er ist zumindest schon in der Vorläuferphase, wenn nicht gar schon in der kritischen Phase der Alkoholerkrankung. Diese Wesensveränderung, die Sie beobachten, zusammen mit den Lügen Ihres Mannes, deuten stark darauf hin. Denn das alles zeigt, daß Ihr Mann selbst spürt, daß mit seinem Trinken etwas nicht mehr stimmt, ja, daß er sich seines Trinkens schämt."

„Da können Sie recht haben. Ich habe schon selbst gedacht, daß er sich schämt, aber dann spielt er sich wieder groß auf und meint, schließlich wäre an dem bißchen Trinken doch nichts dran. Andere würden auch trinken, und ich solle mich nicht so haben."

„Wenn Sie das einmal richtig betrachten, merken Sie doch, daß Ihr Mann sich selbst nicht mehr sicher ist – daß er sich verteidigen muß. Sehen Sie, fast jeder Alkoholkranke merkt irgendwann, daß sein Trinken nicht mehr stimmt. Er merkt, daß er anders trinkt als andere. Das erfüllt ihn mit Unruhe und Unbehagen. Gleichzeitig kann er jedoch auch nicht aufhören zu trinken. Das hat seinen Grund darin, daß er Alkohol inzwischen braucht. Dieses Brauchen erlebt er bei sich als Versagen. Er glaubt immer mehr von sich, ein Versager zu sein. Und je mehr er das glaubt, desto mehr muß er sich selbst zu beweisen versuchen, daß das nicht stimmt. Darum sucht er nach allen Gründen, mit denen er sich einreden kann, daß sein Trinken nicht schlimm sei und daß andere schließlich noch viel mehr trinken würden. Und vor allem, daß er natürlich jederzeit aufhören könne, wenn er wolle. Und immer, wenn Sie ihm auf den Kopf zusagen, daß er schon wieder getrunken hat, erschüttern Sie sein Rettungssystem. Manche Alkoholkranke verteidigen sich dann so, daß sie schreien, grob werden und ‚Möbel rücken'. Andere, wie beispielsweise Ihr Mann, fangen an zu lügen. Das deutet darauf hin, daß er vor Ihnen und Ihrer Meinung Angst hat."

„Das verstehe ich nicht. Der braucht vor mir doch keine Angst zu haben."

„Das meinen Sie, aber offensichtlich hat er doch Angst, sonst brauchte er nicht zu lügen. Wahrscheinlich liegt ihm sehr viel an Ihrem Urteil, und er kann es nicht ertragen, wenn Sie ihn verachten."

„Aber ich verachte ihn doch nicht. Klar, ich sage ihm manchmal schon, was ich von seinem Trinken halte, aber das ist doch keine Verachtung."

„Denken Sie immer daran, daß Ihr Mann sich wegen seines Trinkens als Versager fühlt. Darum wird er die leiseste Kritik von Ihnen als Verachtung auffassen."

„Aber um Himmels willen, was soll ich denn machen?"

„Zunächst aufhören, sich an seinem Lügen zu stoßen. Akzeptieren Sie es als etwas, das er im Moment dringend braucht, um seine Selbstachtung nicht ganz zu verlieren. Sprechen Sie mit ihm immer wieder über seine Not, die ihm sein Trinken verursacht, und daß er doch die Möglichkeit hat, etwas dagegen zu unternehmen. Versuchen Sie ihm zu vermitteln, daß Sie ihn verstehen. Das heißt natürlich auch, daß Sie sein Trinken verstehen als Ausdruck seines Krankseins und es darum nicht verurteilen."

„Dann soll ich mich also weiter von ihm anlügen lassen und so tun, als ob nichts wäre? Das könnte dem geradeso passen. Dann trinkt der ja ewig weiter. Das ist doch genau das, was der will."

„Glauben Sie das nicht. Ihr Mann würde liebend gerne wieder normal trinken, wenn er das könnte. Seine Not ist ja gerade, daß er das nicht schafft. Er leidet schon an seinem Trinken, kann das aber nicht zugeben. – Natürlich heißt das, was ich Ihnen gesagt habe, nicht, daß Sie sich jetzt einfach anlügen lassen sollen. Es hat auch keinen Sinn, daß Sie sich immer wieder von ihm versprechen lassen, daß er aufhören will. Damit würde er nur Ihre Großzügigkeit ausnützen, und das Problem würde hinausgeschoben. Ihr Mann könnte dadurch der Entscheidung zwischen Trinken und Nichttrinken aus dem Wege gehen und sich weiterhin um seine Verantwortung drücken. Sie können ihm aber durchaus zu verstehen geben, daß Sie wissen, daß er wieder getrunken hat. Doch es macht einen Unterschied, ob Sie jetzt darauf rumreiten und ihn zum Lügner stempeln, indem Sie ihn unbedingt überführen wollen und Beweise beibringen, oder aber, ob Sie sein Verhalten einfach als eine Auswirkung seiner Krankheit akzeptieren. Wenn er erst merkt, daß Sie ihn verstehen, braucht er sein Trinken nicht mehr zu verstecken. Argumentieren Sie auf jeden Fall mit ihm nie darüber, ob er nun getrunken hat oder nicht. Wenn er nicht darüber reden will oder es abstreitet, dann ist dies einfach ein Zeichen dafür, daß es ihm peinlich ist. Wenn Sie ihn mit Vorwürfen traktieren, macht es ihn nur wütend. Stellen Sie ihm unangenehme Fragen, dann weicht er aus, lenkt ab oder macht schnell ein paar Versprechungen, um seine Ruhe zu haben, denkt jedoch gar nicht ernstlich daran, diese auch zu halten. So kommt es nur zu Streitereien, die nichts lösen und die Sache nur schlimmer machen. Nur mit einer verstehenden Haltung haben Sie die Möglichkeit, daß sich irgendwann einmal etwas ändert. Zumindest geben Sie Ihrem Mann damit auch die Chance, sich nicht mehr verstecken zu müssen und damit aufhören zu können, ständig zu lügen. Damit wird ihm selbst am schnellsten klar, was wirklich mit ihm los ist. In der Regel dauert es dann auch nicht mehr lange, bis er den Wunsch bekommt, mit dem Trinken aufzuhören."

„Schön wär's ja, wenn es dazu kommen würde."

„Sie dürfen nur nicht den Mut verlieren und müssen noch etwas Geduld aufbringen."

„Und Sie glauben, daß es wirklich hilft, wenn ich versuche, ihn zu verstehen?"

„Ja, das glaube ich, weil ich aus Erfahrung weiß, daß dies der erfolgversprechendste Weg ist. Solange sich Ihr Mann noch als Versager fühlt, muß er sich dagegen wehren und dies zu verbergen suchen. Vor allem kann er nicht aufhören zu trinken, weil dies einem Eingeständnis seines Versagens gleichkäme. Wenn er aber erkennen kann, daß er krank ist, weil Sie ihm das vermitteln, dann kann er auch begreifen: gegen diese Krankheit kann ich etwas unternehmen."

Sie werden es nicht glauben, wo meine Frau überall ihre Flaschen versteckt!

„Es ist schlimm, wenn die eigene Frau trinkt. Ich sitze den ganzen Tag im Geschäft, bin unruhig und nervös und versuche mir vorzustellen, was sie jetzt wieder tut. Das macht mich ganz krank. Wenn ich dann heimkomme, merke ich meistens gleich, daß sie wieder getrunken hat. Aber das Verrückte ist, ich finde keine Flaschen. Die hat sie unheimlich gut versteckt. Am Wochenende, wenn ich Zeit habe, mache ich mich dann auf die Suche. Ich finde dann auch an den unwahrscheinlichsten Stellen Flaschen, aber offensichtlich nicht alle. Plötzlich merke ich dann, daß sie schon wieder was getrunken hat. Und dann komme ich nicht mehr an sie heran. Ich kann dann schreien und toben, wie ich will, sie ist einfach weggetreten. Ich sage es nicht gerne und schäme mich deswegen, aber ich habe sie in meiner Verzweiflung auch schon geschlagen. Sie wendet sich nur stumm ab, manchmal weint sie, aber nicht lange. Und irgendwann hat sie dann schon wieder getrunken, und ich weiß nicht, wo sie die Flaschen versteckt hat. Das hat mich schon so verrückt gemacht, daß ich am liebsten die Tapeten von den Wänden gezogen hätte, um nachzusehen, ob darunter eine Flasche ist. Ich bin am Ende, das können Sie mir glauben."

„Warum suchen Sie denn nach den Flaschen, die Ihre Frau versteckt? Ist das so wichtig für Sie?"

„Warum? Ja soll ich das nicht? Soll ich sie trinken lassen? Das geht doch nicht. Sehen Sie, ich bin Geschäftsmann und habe mein Geschäft mit viel Mühe aufgebaut. Ich mußte dabei eine ganze Menge Widerstände überwinden. Aber ich habe es geschafft. Da bin ich auch stolz darauf. Darum macht es mich ja so fertig, daß ich die Trinkerei meiner Frau nicht in den Griff bekomme. Früher habe ich das mal geglaubt, aber inzwischen zweifle ich immer mehr daran. Wenigstens wenn ich zu Hause bin, will ich, daß sie nicht an Alkohol kommt. Darum suche ich nach den Flaschen. Ich kann es einfach nicht ertragen, wenn sie immer weitertrinkt."

„Sie haben gerade sehr deutlich ausgedrückt, um was es Ihnen beim Flaschensuchen geht, nämlich um Ihren persönlichen Erfolg. Und genau das hat das Gespräch, das ich mit Ihrer Frau geführt habe, auch ergeben. Sie hat mir nämlich gesagt, daß sie fürs Wochenende immer mehrere Flaschen Alkohol kaufen und verstecken würde, weil sie ja weiß, daß Sie danach suchen. Und sie hoffe immer, daß sie wenigstens eine davon durchbringe, und die müsse sie dann auch trinken. Sie habe dabei oft gar kein Verlangen nach Alkohol, aber allein der Triumph, daß Sie diese Flasche nicht gefunden hätten, sei es wert, sie zu trinken. – Ich habe Ihre Frau übrigens vorher gefragt, ob ich Ihnen das sagen dürfe. Sie war damit einverstanden."

„Das kapier ich nicht. Was will sie denn damit erreichen? Glaubt sie, mir so eins damit auswischen zu können? Möglich könnte es ja sein, denn schon manches Mal hatte ich den Eindruck, daß sie es gerade mir zum Trotz macht."

„Das haben Sie wohl richtig gesehen. Tatsache ist doch, daß sich zwischen Ihnen und Ihrer Frau ein Machtkampf abspielt. Sie selbst sind ein sehr dynamischer Mann, der seinen Willen durchzusetzen versteht. Ihre Frau kommt da nicht mit und kann sich gegen Sie vermutlich nicht durchsetzen."

„Was heißt da durchsetzen? Die bekommt doch alles, was sie will. Und die hat auch alles, was sie will."

„Ich habe da einen anderen Eindruck. Mir scheint es eher, daß Ihre Frau sich gar nicht getraut, ihre eigenen Wünsche und Bedürfnisse anzumelden. Es sieht eher so aus, als ob sie sich Ihnen nur angepaßt hätte. Das konnte aber nur geschehen um den Preis, daß sie ihre eigene Persönlichkeit immer weniger leben konnte und verkümmern ließ. Die Folge davon sind Depressionen. Durch Trinken hat sie wohl gespürt, daß die Depressionen verschwanden oder sich zumindest aufhellen ließen, das heißt, daß sie wieder besserer Stimmung wurde. Irgendwann einmal aber muß sie bemerkt haben – wenn ich ‚bemerkt' sage, meine ich nicht, daß Ihre Frau dies bewußt wahrgenommen hat, sondern mehr unbewußt gespürt –, daß sie sich durch ihr Trinken gegen Sie behaupten konnte. Ihr Trinken wurde zu einer Waffe, gegen die Sie machtlos waren und sind. Und daraus hat sich dann vermutlich das Spiel ‚Alkoholverstecken' entwickelt. Das Verstecken von Alkohol hat an sich einen anderen Grund. Der Alkoholkranke spürt immer deutlicher, daß er ohne Alkohol nicht leben kann, und hat dann Angst, keinen zu haben, wenn er Alkohol am dringendsten braucht. Aus diesem Grund legt er sich einen Vorrat an. Fürchtet der Alkoholkranke aber seinen Partner, weil er weiß, daß dieser sein Trinken nicht mag, oder schämt er sich aus einem anderen Grund seines Trinkens, so muß er es eben verbergen. Das führt dazu, daß er seinen Vorrat versteckt. Bei Ihrer Frau kam dann noch hinzu, daß sie dieses Spielchen zugleich als Waffe entdeckt hat."

„Meinen Sie denn, daß ich nicht mehr nach den Flaschen meiner Frau suchen soll?"

„Genau das. Es nützt ja doch nichts. Sie sehen doch, daß Ihre Frau trotzdem trinkt. Ein Alkoholkranker braucht Alkohol, und den wird er sich unter allen Umständen verschaffen. Viel wichtiger ist, daß Sie dieses Spielchen unterbrechen, indem Sie nicht mehr mitspielen. Vielleicht gelingt es Ihnen auch, einmal mit Ihrer Frau über diesen heimlichen Machtkampf zu sprechen und sie zu ermutigen, ihre Bedürfnise und Wünsche wirklich auszusprechen. Natürlich wird das zum jetzigen Zeitpunkt nicht mehr dazu führen, daß das Trinken bei Ihrer Frau aufhört. Sie ist alkoholkrank. Aber auf diese Weise kann sie das selbst erkennen und wird dann eher bereit sein, etwas dagegen zu tun."

„Glauben Sie, daß es dazu kommt?"

„Ja. Und das um so eher, wenn sie sich nicht mehr gegen Sie durch Trinken wehren und behaupten muß. Das setzt natürlich auch voraus, daß Sie selbst sich ändern und fähig werden, Ihrer Frau den Freiraum zur eigenen Entwicklung zu lassen. Und das heißt, daß Sie ihr nicht gleich Ihre Liebe entziehen, wenn sie einmal anders denkt und andere Wünsche hat. Sie haben eingangs betont, wie wichtig es Ihnen war, erfolgreich zu werden. Das geht meist auf Kosten der Schwächeren, die da nicht mithalten können. Ihre Frau ist offensichtlich in die schwächere Position geraten und hat sich dann eben auf ihre Weise dagegen zur Wehr gesetzt. Ihre Ehe kann nur gesunden, wenn Sie beide sich ändern."

Wenn mein Mann getrunken hat, fängt er immer Streit mit mir an

„Ich kann machen, was ich will: wenn er betrunken nach Hause kommt, gibt es Streit."

„Wieso? Was machen Sie denn? Erzählen Sie doch mal."

„Also zum Beispiel, wenn er später von der Arbeit kommt, dann weiß ich schon, daß er wieder getrunken hat. Bei der Arbeit dürfen sie nämlich nicht trinken. Er kommt dann schon so nervös nach Hause und ist so eigenartig, wie er halt immer ist, wenn er wieder getrunken hat. Ich brauche da gar nicht erst zu schnuppern. Wenn ich dann bloß feststelle, daß er wieder getrunken hat, dann geht es schon los. Zuerst streitet er alles ab. Dann meint er, daß mich das nichts anginge, wenn er mal einen Schluck trinke. Andere würden das schließlich auch machen. Und irgendwie kriegt er immer wieder den Dreh, daß er mir dann plötzlich irgendwelche Dinge vorwirft. Und dann geht der Streit erst richtig los."

„Dann könnten Sie doch den Streit vermeiden, wenn Sie einmal nichts mehr sagen."

„Denken Sie! Da kennen Sie meinen Mann aber nicht. Das habe ich nämlich auch schon probiert. Da druckst er herum, wird kribbelig, fängt an zu kritisieren, und bald schmeißt er mir irgend etwas vor. Und dann gibt eben ein Wort das andere."

„Das heißt, wenn ich Sie richtig verstehe, Sie lassen dann diese Vorwürfe auch nicht auf sich sitzen."

„Ganz genau! Schließlich ist er es doch, der trinkt. Alles lasse ich mir dann auch nicht gefallen. Das wäre ja auch noch schöner. Denn zum Schluß bin immer ich die Schuldige. Manchmal hat er mir vorgeworfen, er würde nur trinken, weil ich so wäre."

„Dann sind Sie also schuld an seinem Trinken?"

„Ja, genau das sagt er."

„Nun, so ganz unrecht hat er damit vielleicht gar nicht."

„Was sagen Sie da? Wie soll ich denn das verstehen?"

„Nun, recht hat Ihr Mann damit, daß Sie ihm durch Ihre Streitereien immer wieder einen Grund zum Trinken liefern und ihn dadurch ganz schön entlasten."

„Also das verstehe ich nicht."

„Ich will versuchen, es Ihnen zu verdeutlichen. Ein Alkoholkranker – und Ihr Mann ist das – bekommt irgendwann wegen seines Trinkens Schuldgefühle. Es ist nämlich nicht so, als ob er nichts bemerken würde. Auch wenn er nach außen nichts davon durchblicken läßt. Aber irgendwie bemerkt er schon bald, daß er nicht mehr so wie andere trinkt. Und dessen schämt er sich und sucht es zu verbergen. Und gleichzeitig ärgert er sich über sich selbst, daß es so ist und er nicht aufhören kann."

„Das ist richtig, das ist mir schon oft aufgefallen, daß er sich ärgert, wenn er getrunken hat."

„Ja, und was macht er nun? Er sucht sich einen, an dem er seinen Ärger abreagieren kann. Er sucht also Streit, er muß Streit suchen, weil er mit seinem Ärger über sich nicht leben kann. Doch wenn er erst mit wem streiten kann, ist er auch bald der Überzeugung, daß der andere an allem schuld ist."

„So kommt es mir wirklich oft vor."

„Und nun beachten Sie einmal, was das beim Alkoholkranken bewirkt. Wenn er nicht schuld an seinem Trinken ist, sondern zum Beispiel Sie, dann muß er ja gar nichts ändern. Dann ist er ja Opfer. Dann kann er wieder richtig in Selbstmitleid schwelgen."

„ ... und sich als der ärmste Mensch vorkommen, dem alle übel mitspielen! Ja, genauso ist er. Und dann geht er meistens noch fort und trinkt erst recht."

„Und Sie haben ihm durch Ihr Mitstreiten den Grund dazu geliefert. Das Ganze nennt man eine Schuldprojektion. Das heißt, Ihr Mann projiziert die eigenen Schuldgefühle wegen seines Trinkens auf Sie und erkennt nun Sie als die Schuldige."

„Aber um Himmels willen, wie soll ich mich denn da verhalten? Ich kann doch nicht immmer nur schweigen, wenn er Streit sucht. Das halte ich nicht aus."

„Es ist sicher nicht einfach, sich in einer solchen Situation richtig zu verhalten. Aber Sie merken ja, daß immer, wenn Sie mitstreiten, die Situation noch schlimmer wird. Wenn Sie aber begriffen haben, daß es Ihrem Mann gar nicht um die Sache geht, wegen der er streitet, sondern einzig darum, seine Schuldgefühle loszuwerden – und zwar an Sie – und es ihm im Prinzip völlig egal ist, weswegen er streitet, dann kann Ihnen das auch helfen, besser damit umzugehen. Es ist nämlich sinnlos, wenn Sie auf den Vorwurf, den Ihr Mann Ihnen macht, eingehen. Dann hat er ja sein Ziel erreicht. Viel besser ist es, wenn Sie auf seine Streitereien gar nicht mehr reagieren und stattdessen ihm immer wieder klarmachen, daß er seinen Ärger darüber, daß er wieder getrunken hat, nicht einfach an Ihnen auslassen soll. Wenn er sich immer wieder wegen seines Trinkens so ärgert, kann er ja das Trinken sein lassen. Es geht also einfach darum, daß Sie die Projektion seines Ärgers nicht annehmen und wieder an ihn zurückgeben."

„Ich soll also ganz cool bleiben und mich nicht ärgern?"

„Genau das."

„Ja und was dann, wie geht's dann weiter?"

„Das müssen Sie zunächst mal ausprobieren. Ganz sicher ist, daß auf diese Weise Ihr Mann seinen Ärger nicht mehr so einfach los wird und daß er die Schuld seines Trinkens auch nicht einfach abwälzen kann. Wenn Sie sich immer wieder so verhalten, wird er immer besser begreifen, daß es an ihm liegt und daß er sich ändern muß. Und darauf kommt es schließlich an. Ohne diese Einsicht bei Ihrem Mann geht nämlich gar nichts."

„Und wegen seines Trinkens, soll ich da auch nichts mehr zu ihm sagen? Soll ich einfach so tun, als ob ich es gar nicht bemerken würde?"

„Nun, ganz so habe ich es nicht gemeint. Denn das würde doch einfach nicht stimmen, wenn Sie so tun wollten, als ob Sie es nicht bemerken. Es geht nur darum, daß Sie es ihm nicht mehr vorwerfen. Das hat ohnehin keinen Sinn, denn Ihr Mann ist krank und kann gar nicht anders als trinken. Und im Grunde weiß er auch, daß Sie recht haben. Da er aber die Kraft nicht hat, mit Trinken aufzuhören, ist er verzweifelt und fühlt sich immer schuldiger. Darum muß er sich auch immer mehr um Entlastung bemühen und wird noch öfter Streit suchen, nur um für sich dann das Gefühl zu haben, daß Sie an allem schuld sind. Es ist viel wichtiger, daß Sie ihm sein Verhalten spiegeln. Sagen Sie ihm ruhig, wie Sie ihn erleben, damit er ins Nachdenken kommt und sein Leidensdruck größer wird. Aber beachten Sie immer dabei: Ein Spiegel zeigt nur ganz klar auf, was ist, aber er macht nie Vorwürfe."

„Na, ich kann's ja mal probieren."

„Glauben Sie aber nur nicht, daß Ihr Mann so leicht aufgeben wird. Es ist für ihn so wichtig, nicht der Schuldige sein zu müssen. Darum wird er sicher alle Energie aufwenden, doch noch in Streit mit Ihnen zu geraten. Sie brauchen sicher viel Kraft, sich nicht immer wieder einfangen zu lassen und nicht auf sein Bemühen einzugehen. Nur wenn Sie sich immer wieder klarmachen, es gilt nicht mir, er braucht nur wieder einen Schuldigen, kann es Ihnen gelingen. Versuchen Sie immer wieder daran zu denken, was ein Alkoholkranker einmal so schön formuliert hat: ‚Das Glück, immer einen Grund für mein Trinken zu finden, blieb mir hold, denn meine Frau fing an, täglich an mir herumzunörgeln.'*) Dieses Glück sollten Sie Ihrem Mann möglichst nicht bereiten."

„Ich glaube, ich habe verstanden."

„Wenn Sie nicht mehr auf seine Aktionen und Spielchen eingehen und ihm immer wieder zurückspiegeln, was er dadurch verbergen und welche Gefühle er damit überspielen will, ist das zwar hart für ihn, aber es hilft ihm auch, schnell einsichtig zu werden und etwas zu unternehmen."

*) Jürgen – in AA-Informationen

Sie glauben nicht, wie eifersüchtig mein Mann ist!

„Ist das denn noch normal? Mein Mann ist furchtbar eifersüchtig und verdächtigt mich der unmöglichsten Dinge. Jeden Tag fragt er lauernd, wo ich gewesen bin, und dann ist er felsenfest davon überzeugt, daß ich einen anderen hätte. Als ob ich einen anderen brauchte! Ich habe genug mit meinem, das dürfen Sie mir glauben. Aber ich kann sagen, was ich will, er ist nicht davon abzubringen."

„Wie kommt er denn zu dieser Meinung? Kümmern Sie sich nicht mehr so wie früher um ihn?"

„Doch natürlich – ich meine, ganz so wie früher ist es natürlich nicht mehr. Wir schlafen getrennt. Aber ich habe das einfach nicht mehr aushalten können. Wenn er getrunken hatte, dann hat er ständig was von mir gewollt, und er hat doch gar nicht mehr gekonnt. Und dann ging das die halbe Nacht so, bis er endlich eingeschlafen ist. Dann hat er sich hin- und hergeworfen, und dann noch der Gestank! Ich habe das einfach nicht mehr ausgehalten und habe mir dann im Zimmer meiner Tochter ein Bett aufgeschlagen. Wir schlafen schon seit einem halben Jahr getrennt."

„Und seit wann ist Ihr Mann so eifersüchtig?"

„Seit wann? Na ja, früher war er es manchmal auch schon, aber – Sie haben recht, so richtig ist es erst in der letzten Zeit losgegangen. Glauben Sie, es hat damit zu tun, daß ich nicht mehr mit ihm schlafe?"

„Es hat sicher nicht direkt damit zu tun, aber es war bestimmt der Auslöser dafür. Eifersuchtsgefühle gehören nämlich zum Krankheitsbild des Alkoholkranken. Eifersüchtig reagieren häufig Menschen mit Minderwertigkeitsgefühlen, weil sie im Grunde meinen, sie würden dem Partner nicht genügen und er könne keinen Gefallen mehr an ihnen haben. Und Alkoholkranke haben zumeist sehr starke Minderwertigkeitsgefühle, die noch wegen des Trinkens zugenommen haben. Und dazu kommen noch die Schuldgefühle. Ihr Mann fühlt sich Ihnen gegenüber natürlich schuldig, egal, was er Ihnen vorwirft. Er merkt ja immer wieder selbst, was er Ihnen antut, er merkt auch, daß er zur Ausführung des sexuellen Verkehrs nicht mehr richtig in der Lage ist."

„Ja, das verstehe ich auch nicht. Früher war das ganz anders bei ihm. Aber jetzt ist er die meiste Zeit impotent."

„Auch das kommt bei Alkoholkranken häufig vor, weil die Hormone, die zur Potenz nötig sind, durch Alkohol vermindert werden. Und dann kommt es eben zur Potenzschwäche. Dies alles läßt Ihren Mann deutlich spüren, daß er versagt. Und die logische Schlußfolgerung davon ist nur, daß Sie mit ihm ja nicht mehr zufrieden sein können."

„Aber das ist ja Unsinn. Mir liegt am Sex sowieso nicht viel."

„Versuchen Sie, es sich aus der Lage Ihres Mannes vorzustellen. Aufgrund seines Ergehens muß er denken, daß er Ihnen nicht mehr genügt. In ihm kreisen Gedanken wie ‚ich kann ihr ja gar nicht mehr gut genug sein'. Den Beweis dafür findet er in Ihrem Verhalten, daß Sie nämlich aus dem gemeinsamen Schlafzimmer ausgezogen sind."

„Aber das ist doch kein Beweis. Daran ist er doch selbst schuld. Das kann mir doch niemand zumuten, wieder bei ihm zu schlafen. Ich muß schließlich am nächsten Tag wieder meiner Arbeit nachgehen können. Ich kann nicht liegenbleiben wie er und einfach blaumachen."

„Darum geht es auch nicht. Ich versuche Ihnen doch nur klarzumachen, daß Ihr Mann so denken muß, denn er wird ja nicht die Schuld bei sich selbst suchen. Für ihn ist schon furchtbar genug, daß es ihm immer wieder dämmert, er könnte Ihnen nicht genügen, so wie er ist und sich verhält. Deshalb kann er sich jetzt nicht auch noch eingestehen, daß er an Ihrer Zurückhaltung schuld ist. Viel leichter ist es da für ihn zu glauben, Sie hätten einen anderen, womit er Ihnen die Schuld an der ganzen Misere zuschieben kann."

„Aber das ist ja verrückt!"

„Es ist sicher nicht normal. Man nennt es in der Fachsprache Schuldprojektion, ein beim Alkoholkranken übliches Verhalten. Im übrigen können Sie noch zufrieden sein. Bei manchen Suchtkranken wächst sich diese Eifersucht zu einem echten Wahn aus, und dann wird es erst schlimm."

„Nun, mir reicht es gerade, mir seine täglichen Verdächtigungen und Beschimpfungen anzuhören. Mit was für Ausdrücken er mich belegt, will ich Ihnen lieber nicht sagen. ‚Hure' ist noch der harmloseste davon."

„Solange Ihr Mann nicht vom Alkohol loskommt, müssen Sie wohl damit leben. Wichtig ist, daß Sie sich nicht mehr darüber aufregen. Sie wissen ja, daß es nicht stimmt. Und Sie wissen nun auch, warum er sich so verhalten muß."

„Das schon, aber ich habe Angst, es kommt in der Nachbarschaft rum."

„Ich weiß, es ist schwer. Aber es gehört eben auch zur Krankheit Alkoholismus. Und Sie sind nicht die einzige, die darunter zu leiden hat. Ihr Mann ist ja nun bereit, in eine Therapie zu gehen, und so können Sie hoffen, daß auch dieses Kapitel bald der Vergangenheit angehört."

Mein Mann behauptet immer, ich wäre schuld daran, daß er trinkt

„Wissen Sie, wenn wir dann Streit haben, wirft mein Mann mir immer wieder vor, ich wäre schuld daran, daß er trinkt. Kann denn das sein? Ich soll schuld sein, daß er Alkoholiker geworden ist? Ich zweifle manchmal wirklich an mir."

„Nun, darin kann ich Sie beruhigen. Ganz sicher hat noch nie eine Ehefrau ihren Mann zum Alkoholiker gemacht. Das geht gar nicht, denn zum Alkoholiker macht jeder nur sich selbst. Das heißt, in Ihrem Mann läuft ein Krankheitsprozeß ab, für den Sie nichts können. Die Wurzeln dazu liegen wahrscheinlich in der Kindheit Ihres Mannes. Darum sind Sie für seine Krankheit nicht verantwortlich. Andererseits können Sie – natürlich ungewollt – ganz wesentlich zu seiner Krankheit beitragen, ja, Sie können ihn sogar durch Ihr Verhalten dazu bringen, daß er nicht mit Trinken aufhört."

„Also das verstehe ich nun gar nicht. Ich sollte dazu beitragen, daß er nicht aufhört? Das ist ja zum Lachen. Schließlich tue ich alles, um ihn vom Alkohol wegzubringen. Das müssen Sie mir bitte genau erklären!"

„Das will ich gerne versuchen. Sehen Sie, im Grunde verhalten sich Alkoholkranke wie kleine Kinder und benehmen sich auch so. Sie leben nur ihrer Lust und vermeiden, Verantwortung zu übernehmen."

„O ja, da haben Sie recht."

„Und das ist ein Hauptgrund für ihr Trinken. Durch das Trinken lösen sie in ihrer Familie, vor allem beim Ehepartner, Angst aus. Sie haben vorhin selbst gesagt, daß Sie in ständiger Angst davor leben, wie er wohl wieder heimkommen wird und wie er wieder reagiert. Und Sie haben auch gesagt, wie Sie Ihr Verhalten darauf einstellen und wie Sie gleich springen und ihm alles Unangenehme abnehmen, damit es ja nicht wieder zum Streit kommt. Bei Alkoholkranken aber schleift sich dieses Verhalten ein. Er lernt dadurch, daß er die Folgen seines Trinkens nicht tragen muß, weil die Familie dies tut. Ergebnis: Er verhält sich in der Folgezeit noch verantwortungsloser und sorgloser. Und jetzt kommen wir zum Kern Ihrer Frage. Denn was tun Angehörige in dieser Situation? Sie steigen in dieses System ein, fühlen sich immer mehr für den Alkoholkranken und sein Ergehen verantwortlich, ja, übernehmen schließlich die Verantwortung für ihn ganz, weil er ja offensichtlich diese nicht mehr ausüben kann. Und damit behandeln sie den Alkoholkranken schließlich wie ein kleines Kind, das unmündig ist. Durch diese Haltung wiederum drücken Angehörige dem Alkoholkranken gegenüber aus, daß sie nicht mehr glauben, daß er selbst noch zu verantwortlichem Verhalten fähig ist."

„Das ist ja ein richtiger Teufelskreis!"

„Genau. Denn durch dieses Verhalten wird der Alkoholkranke noch kränker. Eben weil er kein Kind ist und dies auch ganz genau weiß, fühlt er sich jetzt immer mehr als Versager. Er wird darum immer unfähiger, mit seinem Leben klarzukommen, was dazu führt, daß er sein Kindverhalten noch verstärkt. Das aber zwingt wieder den Angehörigen, sein Helferverhalten auch zu verstärken. Der Angehörige kann mütterlich sein und in Sorge für den Alkoholkranken aufgehen, weil er diesen für schwach und schutzbedürftig hält, oder er kann väterlich sein, weil er den Alkoholkranken für unfähig hält, selbst Verantwortung zu übernehmen, und darum alles für ihn tut. – Sie können sich jetzt das für Sie Zutreffende selbst heraussuchen."

„Ich bin ganz schön betroffen. So herum habe ich das noch nie gesehen."

„Damit stehen Sie nicht allein. Es geht den allermeisten Angehörigen so. Man steigt irgendwann in ein solches Spiel ein und bemerkt es gar nicht. Aber fortan spielt man es immer konsequenter und wundert sich, warum es immer schlimmer statt besser wird. – Dazu kommt, daß viele Angehörige dieses Spiel brauchen, ohne sich dies bewußtzumachen oder einzugestehen. Sie können sich selbst prüfen: Irgendwo gibt es doch auch ein gutes Gefühl, wenn man in der Familie der Tüchtige ist, die Familie trotz des Alkoholkranken im Griff hat und sie erhält. Im Grunde wäre es doch nur störend, wenn der Alkoholkranke wieder gesund würde."

„Also jetzt übertreiben Sie ... Wenn ich es aber genau überlege, ist da schon was dran. So unrecht haben Sie gar nicht."

„Und solange der Angehörige diese Haltung nicht aufgeben kann, kann sich im Grunde nichts ändern. Erst wenn Sie für Ihren Mann nichts mehr tun, muß er sich mit den Folgen seines Trinkens selbst auseinandersetzen. Das ergibt überhaupt die stärkste Motivation zum Aufhören. Denn wenn ihn seine Probleme einholen, weil sie niemand mehr für ihn erledigt, merkt er schnell, wohin sein Weg geht. Und dazu ist es wichtig, daß Sie ihn nicht durch eigene Tüchtigkeit entmutigen, sondern ihn ermutigen, endlich selbst anzupacken."

„Das klingt ja alles recht gut und schön, aber so einfach geht das dann auch wieder nicht. Können Sie sich vorstellen, was aus ihm wird, wenn ich mich plötzlich nicht mehr um ihn kümmere?"

„Gegenfrage: Was wurde aus ihm, solange Sie sich um ihn kümmerten?"

„Da haben Sie auch wieder recht. Aber immerhin ist er nicht total abgerutscht."

„Letztlich ist es doch nur diese Angst, die Sie immer wieder dazu führt, daß Sie Ihren Mann beschützen müssen. Es hat einfach keinen Sinn, ständig den Beschützer für den Alkoholkranken zu spielen. Er muß einmal lernen, selbstverantwortlich zu leben, sonst kann er nie gesunden. Wenn er endlich nicht mehr beschützt wird, bekommt er vielleicht zum ersten Mal in seinem Leben die Chance, damit anzufangen, auf sich selbst aufzupassen. Sehen Sie, Sie können Ihrem Mann nicht helfen, vom Alkohol loszukommen. Das muß er selbst schaffen. Aber Sie können die Voraussetzungen dazu schaffen, indem Sie Ihr eigenes Verhalten ändern. Sie können es ihm ermöglichen zu lernen, sich auf eigene Füße zu stellen und die Verantwortung für sein Handeln zu übernehmen. Dadurch stärken Sie seine Selbstachtung. Kurz, Sie können dazu beitragen, daß er endlich lernen kann, in seinem Verhalten erwachsen zu werden. Alle anderen Verhaltensweisen, die ihn zum hilflosen Objekt machen und ihn auf der Stufe eines Kindes halten, verschlimmern nur seine Krankheit."

„Und wenn ich mich nun so positiv verhalte, wie Sie es beschrieben haben, wird mein Mann dann gesund?"

„Mit größter Wahrscheinlichkeit, auch wenn Sie das nicht so verstehen dürfen, als ob er dann mit Trinken aufhören könnte. Unter Umständen gelingt ihm das. Wahrscheinlich ist, daß er auf diesem Weg erkennt, daß er sich in Behandlung begeben muß, um endlich vom Alkohol loszukommen. Wenn er erst soweit gekommen ist, haben Sie die größte Gewähr dafür, daß es ihm auch gelingt."

Ich glaube, wir sind in einen Machtkampf geraten

„Ich muß unbedingt wieder mit Ihnen sprechen, weil ich das Gefühl habe, daß zwischen meiner Frau und mir etwas falsch läuft. Ich habe versucht, so, wie Sie es mir gesagt haben, konsequent zu werden. Und meine Frau war ja inzwischen auch einmal bei Ihnen. Jetzt trinkt sie tatsächlich kaum noch. Immer wieder betont sie, sie werde mir beweisen, daß sie keine Alkoholikerin ist."

„Und was ist falsch daran?"

„Das ist ja das Eigenartige: obwohl sie jetzt kaum noch trinkt, ist die Spannung zwischen uns nach wie vor unerträglich. Sie wirft mir vor, ich würde sie bevormunden und ich sei lieblos zu ihr. Wir haben entweder dauernd Streit oder wir reden nicht miteinander. Ich bin natürlich an allem schuld. Ich habe den Eindruck, daß wir in einen richtigen Machtkampf miteinander geraten sind."

„Woher kommt denn der Vorwurf, daß Sie sie bevormunden würden?"

„Ich weiß auch nicht so recht. Na ja, vielleicht liegt es daran, daß ich ihr bei der letzten Trinktour den Autoschlüssel abgenommen habe."

„Das kann ich mir vorstellen, daß da Ihre Frau sehr sauer darauf reagiert."

„War das denn falsch?"

„Nein, das will ich damit nicht sagen. Das kann durchaus im Rahmen des Konsequentwerdens liegen. Das Problem ist, daß Ihre Frau noch nicht einsieht, daß sie alkoholkrank ist und daher das Schlüsselwegnehmen natürlich ganz anders bewertet als Sie. Ihre Frau ist im Moment noch in einem unglücklichen Stadium ihrer Krankheitsentwicklung. Sie kämpft noch um ihre Selbstachtung und sucht wohl verzweifelt nach einem Ausweg."

„Wie meinen Sie das?"

„Nun, trotz aller negativen Folgen durch das Trinken kann ein Alkoholkranker sich zunächst innerlich nicht dazu bereitfinden, auf die guten und entlastenden Gefühle, die ihm der Alkohol verschafft, zu verzichten. Zu lange schon haben sie ihm geholfen, sein Leben besser zu bewältigen. Und er kennt kein besseres Mittel. Darum sucht er eher nach einem Ausweg, der die schädlichen Folgen seines Trinkens verhindert, ihm aber die Möglichkeit des Alkoholtrinkens erhält, anstatt bereit zu werden, ganz aufzuhören. Und ich fürchte, daß Ihre Frau sich genau in dieser Phase befindet. Darum sucht sie die Ursachen für die ganzen Spannungen lieber bei Ihnen, um bei sich nichts ändern zu müssen. Und die Tatsache, daß sie im Moment mäßig trinken kann, benützt sie für sich natürlich als Beweis, daß sie recht hat."

„Und ich reagiere immer wieder darauf. Wenn sie so offensichtlich falsch argumentiert, dann werde ich wütend auf sie."

„Und vermutlich versuchen Sie dann, ihr zu beweisen, daß das, was sie sagt, so nicht stimmt."

„Richtig. Und dann sind wir wieder mitten im schönsten Streit."

„So, wie Sie es sagen, macht es auf mich den Eindruck, daß Sie selber erkennen, daß Sie sich in dieser Weise falsch verhalten."

„Ja, sehen kann ich das schon. Aber wenn sie mich wütend macht, dann raste ich einfach aus und kann nicht anders."

„Vielleicht hilft es Ihnen, wenn Sie versuchen, die ganze Sache sachlicher zu sehen."

„Und wie wäre das?"

„Wenn Sie begriffen haben, daß Ihre Frau sich im Moment gar nicht anders verhalten kann, ja daß sie dieses Schuldabwälzen dringend dazu braucht, sich nicht eingestehen zu müssen, daß sie alkoholkrank ist. Das würde für sie ja bedeuten, daß sie dann ganz aufhören müßte, Alkohol zu trinken. Dann wird Ihnen auch einsichtig sein, daß Dagegenargumentieren völlig unsinnig ist. Je mehr Sie Ihre Frau zu widerlegen versuchen, desto heftiger wird sie ihren Standpunkt vertreten müssen."

„Aber das kann ja nicht ewig so weitergehen."

„Das geht auch nicht ewig so weiter. Da Ihre Frau alkoholkrank ist, wird sie über kurz oder lang wieder stärker trinken, weil sie gar nicht anders kann. Vielleicht braucht sie das sogar, um endlich bereit zu werden, sich als Alkoholikerin zu erkennen."

„Und wie verhalte ich mich solange richtig?"

„Zunächst einmal, indem Sie aufhören, mit Ihrer Frau zu argumentieren. Dabei sind letzten Endes ja doch nur Sie der Verlierer. Und dann – so schwer Ihnen das vielleicht im Moment auch fällt –, indem Sie versuchen, Ihre Frau zu lieben und zu verstehen. Ich denke, daß Ihnen das um so leichter gelingt, wie Sie sich bewußt machen, daß Ihre Frau ja nicht böse ist, wenn sie Ihnen alle Schuld zuschiebt, sondern daß das lediglich ihrem Selbstschutz dient, daß sie also im Grunde Sie gar nicht meint.“

„Sie meinen, daß ich dann besser mit Ihren Vorwürfen umgehen kann?“

„Ja, genau. Das darf natürlich nicht dazu führen, daß Sie wieder die alten Fehler machen und Ihrer Frau wieder den Leidensdruck wegnehmen. Konsequent bleiben müssen Sie. Ihre Frau muß erleben können, daß sie sich durch ihr Trinken schadet, auch wenn sie im Moment das nicht so sehen will. Wenn sie gleichzeitig spürt, daß Sie sie trotzdem lieben, hilft ihr das vielleicht, schneller zu dieser Einsicht zu gelangen.“

„Ich sehe nun doch wieder besser, wie ich weitermachen kann. Auf zur nächsten Runde!“

„Besser wäre, es gäbe keine Runde mehr, denn sonst sind Sie doch wieder im Machtkampf.“

Mein Mann wäre der beste Kerl, wenn er nicht trinken würde

„Sie glauben ja gar nicht, was mein Mann alles anstellt. Der kümmert sich um gar nichts. Alles muß ich alleine machen und entscheiden. Er lebt nur seinem Vergnügen. Und das besteht natürlich ausschließlich aus Trinken. Zur Arbeit geht er ja, Gott sei Dank, er bringt auch das Geld heim – ich meine, er überläßt es ganz mir, damit zu wirtschaften. Aber das hält er mir auch immer vor, wenn ich was wegen seines Trinkens sage. Was ich denn wolle, meint er dann, er gehe schließlich jeden Tag zur Arbeit und würde sein Geld abliefern, mehr könne ich doch nicht erwarten. Das stimmt ja, was er sagt, aber dann geht er wieder Kartenspielen und kommt jedesmal voll nach Hause. Wissen Sie, er wäre der beste Kerl, wenn er nicht trinken würde."

„War das schon immer so, daß Ihr Mann sich um nichts kümmerte, oder ist das erst mit der Zeit so geworden?"

„Der war schon immer so. Schon als wir geheiratet haben, mußte ich alles entscheiden und mich um alles kümmern. Da ist auch viel meine Schwiegermutter dran schuld. Sie hat nämlich immer alles für ihn getan und alles in ihn reingesteckt. Der hatte zu Hause ja das schönste Leben. Nicht einmal Geld hat er abgeben müssen. Ich bin ja froh, daß er das wenigstens bei mir macht. Wissen Sie, bei mir zu Hause war das ganz anders. Meine Mutter war krank, und ich war die Älteste. Da habe ich mich schon früh um meine Geschwister kümmern müssen. Ich kenne das gar nicht anders. Aber mein Mann hat das nie zu tun brauchen. Dem ging es immer gut."

„Hat Ihr Mann vor Ihrer Eheschließung auch schon getrunken, oder hat er erst später damit angefangen?"

„Da habe ich einen großen Fehler gemacht. Der hat nämlich damals schon getrunken. Aber ich habe gedacht, wenn wir erst einmal verheiratet sind, kann ich ihm das schon abgewöhnen. Das war aber ein Irrtum. Heute sehe ich das ein. Darum sitze ich ja jetzt da und suche Hilfe."

„Nach dem, was Sie mir bis jetzt erzählt haben, habe ich den Eindruck gewonnen, daß sich gegenüber früher nicht viel verändert hat. Ihr Mann wurde von seiner Mutter verwöhnt und brauchte sich um nichts zu kümmern. Und in Ihrer Ehe ist es genauso. Nur daß Sie jetzt in der Rolle seiner Mutter sind. In einer Rolle, die Sie offensichtlich schon in Ihrer Kindheit gelernt haben."

„Sie meinen, daß ich nun einfach an die Stelle seiner Mutter getreten bin?"

„Ja."

„Sie können schon recht haben. Daran habe ich auch schon manches Mal gedacht. Aber was soll ich denn machen? Wenn ich mich nicht um alles kümmere, dann geht es doch drunter und drüber. Der würde nicht mal frische Kleidung anziehen, und im Dreck lassen kann ich ihn doch auch nicht."

„Und trotzdem hängt das Trinken Ihres Mannes wahrscheinlich damit zusammen. Es läßt sich vermuten, daß seine Mutter ihn schon immer verwöhnt hat. Unter Verwöhnung versteht man in der Psychologie aber nicht nur, daß sie ihm alles gegeben hat, sondern auch, daß sie ihm wohl alle Schwierigkeiten aus dem Weg räumte."

„Ja, das stimmt. Mein Mann hat mir erzählt, daß seine Mutter immer gerannt gekommen sei, wenn er irgendwo mal Mist gemacht hat. Sie hätte das immer in Ordnung gebracht."

„Dann war meine Vermutung also richtig. Ein Kind aber, das so verwöhnt wird, hat es später im Leben immer schwer. Denn zum einen hat es nie gelernt, sich um etwas kümmern zu müssen, und hat immer alles, was es wollte, bekommen, ohne sich darum mühen zu müssen. Und zum anderen hat es nicht gelernt, sich Schwierigkeiten zu stellen und damit fertigzuwerden. Das Ergebnis ist, daß es immer Ansprüche ans Leben hat, aber nicht bereit ist, selbst was dazuzutun. Immer erwartet es die Erfüllung seiner Wünsche von anderen. Und gleichzeitig schreckt es vor Schwierigkeiten zurück und versucht sich davor zu drücken, weil sie ihm angst machen."

„Ich glaube, Sie beschreiben meinen Mann sehr richtig. Genauso ist er."

„Und weil er so ist, trinkt er auch. Denn wenn man mal erwachsen geworden ist, funktioniert das mit der Verwöhnung nicht mehr so, auch wenn Sie sich als Ehefrau große Mühe geben. Irgendwo spürt er ja doch, daß Sie mit seinem Verhalten nicht zufrieden sind. Am Arbeitsplatz spürt er auch seine Beschränkungen. Alkohol hilft ihm da, mit seinen Ängsten klarzukommen, und wirkt außerdem verwöhnend. Vor allem hilft ihm das Trinken, die Verantwortung für sein Tun und Leben nicht übernehmen zu müssen."

„Wenn das so ist, was kann ich dann tun?"

„Gar nichts! Das beste ist, Sie beginnen wirklich einmal damit, nichts mehr für ihn zu tun. Und machen Sie sich keine Gedanken darüber, wie er mit Trinken aufhören könnte. Solange Sie für ihn handeln und denken wie früher seine Mutter, bleibt er passiv."

„Ja, aber was soll ich dann ... ich meine, wie geht es dann weiter? Ich ertrage sein ewiges Trinken bald nicht mehr."

„Eine Zeitlang werden Sie schon noch die Kraft dazu aufbringen müssen. Wenn ich sage, daß Sie nichts tun können, heißt das einfach, daß Sie als seine Ehefrau ihn nicht ändern können. Um zu lernen, aus seiner Verwöhnungshaltung herauszutreten und die Verantwortung für sich endlich zu übernehmen, bedarf es einer Therapie. Sie können aber dazu beitragen, daß er bereit wird, in eine Therapie zu gehen."

„Glauben Sie? Bis jetzt sagt er immer, ich würde ihn nicht fortbringen."

„Das hat weiter nicht viel zu sagen. Solange er es bei Ihnen noch schön hat und Sie ihn weiter verwöhnen, wäre er ja auch dumm, die Anstrengung einer Therapie auf sich zu nehmen. Sie können jedoch aufhören mit dem Verwöhnen und ihn immer mehr mit den Folgen seines Trinkens konfrontieren."

„Was meinen Sie damit?"

„Ich meine, Sie sollten nichts mehr tun, was er selbst tun kann und muß – und vor allem sollten Sie nicht mehr die Folgen seines Trinkens für ihn übernehmen. Denn Ihr falsches Helfen verhindert, daß er seine Realität wahrnehmen kann und er fähig wird, Konsequenzen daraus zu ziehen. Solange Sie ihn beschützen und bemuttern, kann er das Selbstzerstörerische seines Verhaltens nicht erkennen."

„Ich verstehe. Ich will versuchen, ob ich es schaffe. Doch ich weiß nicht so recht ..."

„Sie befürchten wohl, daß die Mutterrolle bei Ihnen schon so festsitzt, daß Sie diese gar nicht so einfach ablegen können?"

„Ja, genau!"

„Da möchte ich Ihnen empfehlen, unsere Angehörigengruppe zu besuchen, wo Sie herausfinden können, warum Ihnen das so schwerfällt und wo Sie zusammen mit anderen Angehörigen sich immer wieder überprüfen können, wo Sie ‚rückfällig' werden."

„Meinen Sie, daß ich auch mitschuldig bin an seinem Trinken, wenn ich zum Beispiel ‚rückfällig' werde?"

„Nein, das meine ich nicht. Sie sind nie schuldig am Trinken Ihres Mannes, aber Sie tragen unbewußt dazu bei, daß er trinkt und nicht aufhört. Wenn Sie sich verändern, muß er sich auch verändern. Indem Sie also an sich und Ihrer Veränderung arbeiten, tun Sie eine ganze Menge dazu, daß Ihr Mann vom Alkohol loskommen kann."

Soll ich meine Frau einfach weitertrinken lassen?

„Hören Sie, irgend etwas muß man doch machen können. Ich halte die Trinkerei meiner Frau nicht länger aus. In meiner Position kann ich es mir auch überhaupt nicht leisten, eine betrunkene Frau zu haben."

„Sie haben aber doch selbst klar und deutlich gesagt, daß Ihre Frau nicht damit einverstanden ist, etwas zu unternehmen. Sie hat zum Ausdruck gebracht, daß sie nicht akzeptieren kann, alkoholkrank zu sein, und es noch einmal versuchen will, so vom Alkohol loszukommen."

„Jaja! Das sagt sie schon, aber das ist doch Unsinn. Wir haben es schon so oft probiert. Immer wieder schafft sie es, einige Wochen nichts zu trinken, aber dann fängt sie doch wieder an. Zuerst ist es nicht viel, aber es dauert nie lange, dann greift sie wieder kräftig zu. Das geht dieses Mal auch nicht anders."

„Wie ich Ihnen vorhin schon sagte, mag das alles richtig sein, trotzdem können Sie gar nichts daran ändern. Solange Ihre Frau nicht von alleine erkennt, daß das Trinken für sie schädlich ist und sie nicht von selbst den Wunsch bekommt, damit aufzuhören, kommt sie nicht vom Trinken los. Alkoholismus ist eine Krankheit, das heißt, es ist die Krankheit Ihrer Frau, und damit kann nur sie selbst fertigwerden."

„Aber das ist doch nicht zum Aushalten. Es war schon so weit, daß ich ernstlich überlegt habe, sie zu verlassen. Ich lebe den ganzen Tag in Angst, die Nachbarn bemerken etwas oder meine Kollegen. Ich muß dauernd dahinterher sein, sie ins Bett zu bekommen und die Flaschen unauffällig verschwinden zu lassen. Das mache ich nicht mehr lange mit."

„Es ist ja nicht so, daß Sie gar nichts tun können. Ich habe vorhin schon einmal versucht, Ihnen folgendes deutlich zu machen: Wenn Sie Ihre Frau loslassen und akzeptieren, daß Sie das Trinken Ihrer Frau weder so noch so beeinflussen können, dann kommt sie am schnellsten an den Punkt, wo sie von sich aus aufhören will."

„Das heißt, ich soll sie also einfach saufen lassen und ihr am besten jeden Morgen noch eine volle Flasche hinstellen und sagen: ‚Da, sauf!'"

„Ich habe nicht gesagt, daß Sie das Trinken Ihrer Frau unterstützen sollen. Das ist die Sache Ihrer Frau. Sie sollen sie nur trinken lassen und nicht mehr versuchen, sie in bezug auf ihr Trinken kontrollieren zu wollen."

„Sie haben leicht reden. Wenn die trinkt, macht sie die tollsten Sachen, fällt hin und zerschlägt sich das Gesicht und läuft dann mit blauen Flecken im Gesicht herum."

„Na und?"

„Was: ‚na und'? Das soll ich zulassen? Sie ist schließlich meine Frau. Dann glaubt doch jeder, ich hätte sie geschlagen."

„Ich streite nicht ab, daß es nicht einfach ist, bei all dem zusehen zu müssen. Aber solange Sie Ihre Frau immer wieder vor allen Folgen ihres Trinkens bewahren, wird sich nichts ändern. Sie ist ja sicher, daß nichts Schlimmes passieren kann, auch wenn Sie vorher noch so schimpfen. Sie weiß mit absoluter Sicherheit, daß immer dann, wenn sie zuviel trinkt und es für sie unangenehm werden wird, Sie, ihr Mann, da sind und ihr wieder unter die Arme greifen. Warum sollte sie bei so wenig Risiko ihren geliebten Alkohol aufgeben?"

„Also gut, dann lasse ich sie eben. Aber dann lebe ich auch nicht mehr mit ihr zusammen. Ich kann so nicht mehr weitermachen. Ist das dann richtig so?"

„Ich weiß nicht, ob es richtig oder falsch ist. Das müssen Sie für sich selbst entscheiden. Ich kann Ihnen nur die richtige Richtung angeben, in die Sie gehen können. Wie das konkret bei Ihnen aussieht, müssen Sie selbst herausfinden. Und die einzig richtige Richtung ist eben die, Sie lassen zu, daß Ihre Frau von selbst herausfindet, daß es besser ist, wenn sie mit Trinken aufhört."

„Na ja, ein Druckmittel habe ich schließlich noch. Sie hat nämlich schon immer Angst davor gehabt, einmal alleine zu sein und mich zu verlieren. So bekomme ich sie doch noch soweit, in Therapie zu gehen."

„Und dann?"

„Was: ‚und dann'? Wenn sie erst einmal in Therapie ist, dann haben wir doch erreicht, daß es besser werden kann."

„Woher sind Sie sich da so sicher? Es kann doch auch sein, daß Ihre Frau zwar, weil sie wirklich Angst vor dem Alleinsein hat, in Therapie geht, nachher aber weitertrinkt. Sie haben wohl immer noch nicht begriffen: Sie können durch nichts bewirken, daß Ihre Frau mit dem Trinken aufhört. Am wenigsten mit Druck. Mit Druck erreichen Sie bestenfalls, daß Ihre Frau in Therapie geht, nicht aber, daß sie dann auch Therapie macht.

Sie haben mich einmal gefragt, wieviele Erfolge denn durch eine Therapie zustande kämen, und ich habe Ihnen geantwortet, daß man das nicht so einfach beantworten kann. Da es viele Alkoholkranke gibt, die halt in Therapie gehen, weil sie dem Druck ihrer Angehörigen oder dem des Arbeitgebers weichen und das In-Therapie-Gehen für sie im Moment der bequemste Weg ist, sind sie zwar in Therapie, aber sie machen keine Therapie. Und damit ist auch der Erfolg meist nicht groß. Häufig kommt es bei solchen Patienten bald wieder zum Rückfall. Denn Therapie kann man nur mit sich selber machen, und dazu muß man das auch erst selber wollen. Die Therapeuten schaffen die Möglichkeit dazu und leiten entsprechend an. Aber ob der Alkoholkranke das alles für sich benützt und anfängt, an sich zu arbeiten, das liegt nicht mehr bei den Therapeuten. Das kann nur der Alkoholkranke selbst, und er wird es auch nur machen, wenn er es will. Darum ist es so wichtig, daß er selbst die Entscheidung trifft, wann er aufhören will."

„Dann verlasse ich sie trotzdem. Ich mache so nicht mehr weiter. Ich kann einfach nicht mehr."

„Das ist etwas anderes. Es ist völlig normal, daß Sie irgendwann einmal eine Konsequenz aus dem Trinken Ihrer Frau ziehen. Wenn Sie es für sich tun, wegen sich selbst, weil Sie es so nicht mehr aushalten, wie es ist, dann ist es völlig in Ordnung."

„Aber im Endeffekt läuft es doch aufs gleiche hinaus. Weil sie nicht will, daß ich mich von ihr trenne, wird sie dann auch in Therapie gehen."

„Das kann sein. Und doch ist ein feiner Unterschied zwischen Ihren beiden Verhaltensweisen: Beim ersten Mal üben Sie Druck auf Ihre Frau aus. Und Druck erzeugt meistens Widerstand. Das heißt,

Ihre Frau wird sich gegen diesen Druck auflehnen. Sie wird mit Trotz reagieren und sich vornehmen: nun gerade nicht. Sie wird sich zwar vielleicht dem Druck beugen, aber nicht kapitulieren. Das heißt, sie wird auch in einer Therapie nicht bereit werden, sich die Waffe ihres Trotzes wegnehmen zu lassen. Ganz anders ist es dagegen, wenn sie mit den Folgen dieses Trinkens konfrontiert wird, wenn sie also merkt, jetzt kommt es zur Trennung, weil Sie es nicht mehr aushalten, und daß sie sich jetzt für das Trinken oder für Sie entscheiden muß. Hier hat Ihre Frau eine echte Chance, sich selbst zu entscheiden."

„Jetzt habe ich endlich verstanden, was Sie meinen. Ich glaube, darüber muß ich noch nachdenken."

„Wenn Sie das begriffen haben, daß niemand für den Alkoholkranken das tun kann, was dieser selbst tun muß, sind Sie auf dem richtigen Weg. Der Wunsch, gesund werden zu wollen, kann nur aus ihm selbst kommen. Und wenn er das echt will, dann schafft er es auch. Dann nimmt er auch Hilfe an. Aber nur dann. Solange Sie es wollen, wird sich Ihre Frau dagegen wehren. Der Alkoholkranke muß für Hilfe bereit sein und selbst über seinen Weg entscheiden können. Nur dann wird er seine Krankheit auch überwinden können."

Aber man muß ihm doch helfen, sonst geht alles kaputt

„Sie meinen, ich soll mich um all das nicht mehr kümmern? Aber das geht doch nicht. Mein Mann fährt jeden Tag mit dem Auto, in seinem Zustand! Ich wage gar nicht, daran zu denken, er fährt jemand an. Und wenn ich ihn nicht jedesmal entschuldigen würde, wenn er im Betrieb fehlt, dann wäre er seinen Arbeitsplatz schon längst los. Und das Schlimmste ist, daß er so viele Schulden macht. Der geht einfach auf die Bank und nimmt einen Kredit auf, und ich kann ihn dann zurückzahlen. Ich weiß oft nicht, von was. Dann läßt er in der Wirtschaft immer wieder anschreiben, und der Wirt kommt dann zu mir. So geht das ständig. Aber ich kann das doch nicht einfach lassen, das wäre ja furchtbar. Wir kämen ja sofort ins Gerede. Wir wohnen in einer Gegend, wo bessere Leute wohnen, und ich möchte nicht, daß da was bekannt wird. Vor allem möchte ich nicht, daß unsere Verwandtschaft etwas davon erfährt. Ach, es ist schon ein Elend."

„Haben Sie schon einmal darüber nachgedacht, warum Sie das alles für Ihren Mann machen, warum Sie ihm dauernd helfen?"

„Ja natürlich. Aber ich kann ihn doch nicht einfach kaputtgehen lassen."

„Und was ist mit Ihnen selbst?"

„Mit mir? Ich käme da schon durch, aber Sie haben recht. Irgendwo bin ich ja auch davon betroffen."

„Genau, darum geht es! Was Sie vorhin erzählt haben, klingt für mich so, als ob Sie in Wirklichkeit nicht Ihrem Mann helfen wollten, sondern ausschließlich sich selbst. Ist es so abwegig, wenn ich vermute, daß in Wirklichkeit Sie sich schützen wollen?"

„Warum? Darf ich das nicht? Das ist doch nur natürlich!"

„Ja, das ist es schon, und dagegen ist auch nichts einzuwenden. Es ist nur wichtig, daß Sie es sich klarmachen. Ihr Mann merkt das doch auch. Alkoholiker sind in nüchternem Zustand so empfindsam, daß sie solche Dinge mitbekommen. Und darum wird Ihr

Mann Ihnen nie glauben, wenn Sie vorgeben, Sie wollen ihm helfen. Ihr mangelnder Erfolg dürfte zum Teil auch darauf zurückzuführen sein. Ihr Verhalten führt im Gegenteil bei Ihrem Mann mehr dazu, daß er sich Ihre Schwäche, sich schützen zu müssen, zunutze macht und unbeschwert weitertrinkt, weil er sicher sein kann, daß Sie die Folgen davon wieder in Ordnung bringen müssen, weil es für Sie wichtig ist."

„Ja, aber dann ... dann muß ich ja gerade alles kaputtgehen lassen?"

„Nein, das müssen Sie sicher nicht, denn wie Sie schon selbst festgestellt haben, ist es Ihr gutes Recht, sich vor den Folgen des Trinkens Ihres Mannes zu schützen. Nur müssen Sie es vielleicht anders anpacken. Gehen wir mal von der Nachbarschaft aus. Ich vermute, daß in Ihrer Nachbarschaft schon längst bekannt ist, was mit Ihrem Mann los ist. Nachbarn merken so etwas ziemlich schnell. Da sie aber merken, daß es Ihnen peinlich ist, darüber zu reden, sprechen sie nicht mit Ihnen. Sie würden wahrscheinlich erstaunt sein, was Ihre Nachbarn schon alles wissen, wenn Sie offen mit ihnen darüber reden würden. Ähnlich wird es innerhalb der Verwandtschaft sein. Es ist einfach sinnlos, bei Alkoholismus nach außen hin die heile Ehe vorspielen zu wollen. Einmal darum, weil Sie das auf Dauer gar nicht durchhalten und Sie dringend Menschen brauchen, mit denen Sie darüber reden können. Und zum anderen darum, weil es längerfristig gar nicht möglich ist. Der Alkoholkranke fällt mit der Zeit einfach auf. Auch im Betrieb. Glauben Sie nur nicht, die wären ahnungslos. Die erleben Ihren Mann doch jeden Tag viele Stunden. Wenn er montags fehlt, können die sich auch denken, was los ist."

„Dann wäre es also besser, ich würde mit allen Leuten offen darüber reden?"

„Ja. Es würde Ihnen die Situation und den Umgang mit dem Alkoholismus Ihres Mannes wesentlich erleichtern. Wenn Sie zum Beispiel einmal mit dem Vorgesetzten im Betrieb reden könnten, wäre es unter Umständen möglich, daß Sie miteinander absprechen könnten, wie man Ihren Mann dazu bewegen kann, endlich in Behandlung zu gehen."

„Ich kann es nicht ..."

„Warum nicht?"

„Ich glaube, ich schaffe das nicht. Ich schäme mich so, darüber zu reden."

„Ihre Scham kommt doch nur daher, daß Sie Ihren Mann als Versager sehen. Wenn Sie sich auf den Standpunkt stellen könnten, daß Alkoholismus eine Krankheit ist, die mit Versagen nichts zu tun hat, wird es Ihnen leichter fallen, sich dazu zu bekennen. Es ist, zugegeben, eine schwierige Krankheit, die allgemein leider noch weitgehend abgelehnt wird, aber es ist eben doch eine Krankheit, die man überwinden kann, wenn man sich erst dazu stellt. Machen Sie sich doch einmal klar, wie schwer es Ihrem Mann fallen muß, sich zu seinem Alkoholismus zu bekennen, solange Sie sich noch schämen. Sie verbauen ihm damit praktisch den Weg. Wenn er erleben kann, daß Sie sein Trinken und das damit verbundene Verhalten ganz selbstverständlich als krank ansehen, kann er auch eher ja dazu sagen, in Behandlung zu gehen."

„So habe ich das Ganze noch gar nicht gesehen. Aber es klingt einleuchtend. Ich glaube, daß ich mich doch dazu überwinden muß, sein Trinken nicht mehr verstecken zu wollen. Aber eines ist mir immer noch nicht klar: Wie soll ich mich nun der Bank gegenüber verhalten, wenn die wieder mahnen?"

„Nun, oberstes Prinzip ist, wie ich Ihnen schon sagte, daß Sie seine Schulden nicht bezahlen, weil Sie nicht für ihn die Folgen seines Trinkens tragen dürfen."

„Aber ich hafte für die Schulden doch mit."

„Das ist richtig. Aber zunächst einmal hat Ihr Mann den Kredit genommen, und die Bank soll sich ruhig mit ihm auseinandersetzen. Die soll ihn ruhig unter Druck setzen. Solange Sie nicht zahlen, werden die Mahnungen schon an ihn kommen. Es ist nur wichtig, daß Sie ihm diese nicht vorenthalten. Lassen Sie Ihren Mann ruhig schmoren und machen Sie ihm klar, daß er seine Schulden gefälligst selbst zahlen soll. Das können Sie übrigens auch dem Wirt klarmachen. Und das wird der schnellste Weg sein, daß er Ihrem Mann keinen Kredit mehr gibt. Denn solange Sie zahlen, wird Ihr Mann immer wieder neu Kredit aufnehmen, da es ja gutgeht. Und er wird Kredit erhalten, da die Schulden ja bezahlt werden. Der Bank ist es doch egal, ob Ihr Mann oder Sie zurückzahlen. Es genügt, wenn Sie es nicht gerade zu einem Prozeß kommen lassen und vorher mit der Bank eine Absprache treffen. Die Faustregel kann sein, daß Sie erst dann eingreifen, wenn es für Sie selbst existentiell bedrohlich wird, Sie aber bis dahin die Dinge laufen lassen, damit Ihr Mann die Folgen seines Trinkens zu spüren bekommt. Schützen Sie sich, wenn es nicht anders geht, aber helfen Sie nicht Ihrem Mann."

Ich kann meinen Mann doch nicht fallenlassen

„Ich muß unbedingt wieder einmal mit Ihnen reden, weil ich ganz durcheinander bin. Ich weiß bald nicht mehr, was richtig oder falsch ist. Ich habe sehr viel über Alkoholismus gelesen und auch in der Angehörigengruppe davon gehört. Überall wird davon gesprochen, daß man den Alkoholiker fallenlassen soll, damit er an seinen Tiefpunkt kommt. Sie reden auch sehr oft davon, daß man den Alkoholiker loslassen soll. Ich weiß ja, daß das richtig sein mag, ich verstehe das schon, aber er ist doch mein Mann, ich kann ihn doch nicht einfach fallenlassen. Schließlich habe ich einmal vor dem Altar gelobt, in guten und in schlechten Zeiten zu ihm zu halten. Natürlich ist es manchmal schwer. Und ich habe oft einen großen Zorn auf meinen Mann, wenn er wieder betrunken nach Hause kommt und wenn er mir in seinem betrunkenen Zustand eine Szene macht oder mit den Kindern herumschreit. Natürlich hasse ich ihn manchmal, weil er uns das alles antut und er nicht bereit ist, in Behandlung zu gehen. Aber trotzdem, er ist immer noch mein Mann."

„Ich glaube, ich verstehe, was Sie meinen. Und ich bewundere Sie dafür, daß Sie trotz allem, was Ihr Mann Ihnen und den Kindern schon angetan hat, so zu ihm halten."

„Es ist manchmal schon schwer und ich glaube, daß ich es ohne die Gruppe nicht geschafft hätte. Aber es ist mir da so richtig deutlich geworden, daß mein Mann krank ist und meine Hilfe braucht. Ich meine das mit dem Kranksein nicht so, wie man es manchmal leichthin dahersagt. Ich habe begriffen, daß Alkoholismus wirklich eine Krankheit ist, wenn es manchmal auch schwerfällt, es so zu sehen. Aber da ist mir dann auch klargeworden, daß ich ihn nicht einfach fallenlassen kann. Auch wenn das immer wieder so gesagt wird, weil es für den Alkoholkranken wichtig wäre. Und darum bin ich jetzt bei Ihnen, weil ich mir selber keinen Rat mehr weiß."

„Ja, ich habe Ihr Anliegen begriffen und will versuchen, Ihnen eine Antwort zu geben. Zunächst einmal bringen Sie zwei verschiedene Begriffe durcheinander. Nämlich das Loslassen und das Fallenlassen. Ich habe irgendwo einmal den Satz gelesen, daß man den Alkoholiker loslassen, ihn aber nicht fallenlassen soll."

„O ja, das gefällt mir schon wesentlich besser."

„Ich denke aber, der Satz, der im Grunde genau das ausdrückt, um was es geht, bedarf einer Erklärung, weil er von seinem genauen Wortsinn her widersprüchlich ist. Denn wenn ich etwas loslasse, lasse ich es in der Regel fallen."

„Dann stimmt es also so doch nicht?"

„Doch, es stimmt schon. Es kommt eben darauf an, wie man diese beiden Begriffe versteht. Das erste Mißverständnis liegt wohl darin, daß man stillschweigend davon ausgeht, daß der Alkoholkranke, wenn man ihn losläßt, fällt. Genau so aber stimmt es in der Regel nicht. Es ist zwar häufig der Fall, daß der Alkoholkranke schlimmer trinkt, wenn man ihn losläßt, aber fallen wird er darum noch lange nicht. Zumal wenn er weiß, daß er ja jederzeit die Möglichkeit hat, in Behandlung zu gehen."

„Das mit dem schlimmer Trinken stimmt auch nicht so ganz. Mein Mann hat zwar, nachdem ich mich mehr von ihm abgewandt habe, zunächst stärker getrunken, aber in letzter Zeit versucht er, sich zusammenzunehmen. Und er trinkt lange nicht mehr so schlimm wie vorher."

„Dann sehen Sie ganz deutlich, daß das Loslassen tatsächlich Wirkung zeigt. Denn das ist ja der Sinn des Loslassens, daß der Alkoholkranke mit seiner Krankheit plötzlich allein dasteht und er begreift, daß sich jetzt niemand mehr um ihn kümmert. Daß er jetzt entweder an seinem Trinken kaputtgeht oder er selber endlich die Verantwortung für sich übernehmen muß. Das Verhängnisvolle bei Alkoholismus ist ja, daß dem Alkoholkranken diese Erfahrung durch falsches Helfen solange verwehrt wird. Ausgerechnet bei Alkoholismus meint seltsamerweise immer jemand, er müsse diesem armen Menschen helfen. Doch so gut das gemeint ist, so falsch ist es auch, weil der Alkoholkranke erst dann, wenn er begriffen hat, daß er für seine Krankheit selber verantwortlich ist, auch bereit ist, sich helfen zu lassen. Aber eben erst dann, wenn er selber nicht mehr kann."

„Hoffentlich haben Sie auch bei meinem Mann recht damit."

„Ich denke schon. Nur: solange er jetzt noch in der Lage ist, sich wieder etwas unter Kontrolle zu bekommen, wird er glauben wollen, daß er es von alleine schafft. Doch meistens geht das nicht lange. Sein Trinken wird wieder schlimmer werden. Und dann wird er begreifen – wenn Sie nicht wieder in falsches Helfen zurückfallen –, daß er eben doch etwas gegen sein Trinken unternehmen muß. Manchmal geht das dann sehr schnell."

„Ich kann nur hoffen, daß es nicht mehr solange dauert."

„Ich wünsche es Ihnen auch. – Doch zurück zu Ihrem Problem. Ich war ja dabei, Ihnen zu erklären, warum dieser Satz stimmt, daß man den Alkoholkranken loslassen, aber nicht fallenlassen soll. Denn das andere Mißverständnis liegt darin, daß man Loslassen und Fallenlassen oft gleichbedeutend versteht. Dabei drücken sich in diesen zwei Begriffen sehr gegensätzliche Dinge aus. Das Loslassen habe ich Ihnen schon erklärt. Es geht darum, daß der Alkoholkranke begreift, daß jetzt niemand mehr da ist, der die Verantwortung für seine Krankheit trägt, daß er das jetzt selber tun muß. Und das erreicht man eben am schnellsten durch Loslassen. Beim Fallenlassen geht es streng genommen um etwas ganz anderes. Wenn ich jemanden fallenlasse, dann habe ich kein Interesse mehr an ihm, dann ist er mir gleichgültig geworden, dann wende ich mich endgültig von ihm ab. Das hat nichts mehr mit einer helfenden Haltung zu tun wie beispielsweise beim Loslassen, sondern ist die Konsequenz aus dem Verhalten des Alkoholkranken, das man endgültig satt hat und damit den Alkoholkranken auch. Es ist die Haltung, bei der einem sein weiteres Ergehen völlig gleichgültig wird."

„Ja, ich sehe es auch so. Ich habe gleich gegen das Wort Fallenlassen eine Abneigung gehabt, weil es so negativ klingt. Ich möchte zwar über niemand den Stab brechen, der sich so verhält, aber zwischen meinem Mann und mir ist es noch lange nicht so weit. Ich mag ihn im Grunde immer noch. Darum bin ich jetzt ganz froh, daß ich zu Ihnen gekommen bin. Ich sehe jetzt wieder klar und werde mich weiter darum bemühen, meinen Mann loszulassen – aber nicht fallenzulassen."

Ich fühle mich schuldig, wenn ich meinem Mann nicht mehr helfe

„Wie geht es Ihnen inzwischen? Konnten Sie nach unserem letzten Gespräch etwas verändern?"

„Eigentlich nicht, mir geht es inzwischen sogar schlechter."

„Wie kommt das, ist etwas vorgefallen?"

„Ich weiß gar nicht, wie ich Ihnen das richtig sagen soll. Sie haben mir gesagt, daß ich so, wie ich mich verhalte, der richtige Co-Alkoholiker wäre. Und das hat mir, so wie Sie das erklärt haben, auch eingeleuchtet. Ich habe darum versucht, das Trinken meines Mannes nicht mehr zu beachten und ihn einfach links liegen zu lassen. Das hat ihm natürlich nicht gepaßt, und wir haben dann wieder einmal miteinander geredet."

„Und?"

„Er hat mir nur Vorwürfe gemacht, ich würde mich schon lange nicht mehr richtig um ihn kümmern und ich würde ihn im Stich lassen und nicht zu ihm stehen."

„Aber das ist doch nichts Neues für Sie, so verhält Ihr Mann sich doch schon lange. Ich habe schon beim letzten Mal versucht, Ihnen das deutlich zu machen und will es Ihnen gerne nochmals erläutern. Jeder Alkoholkranke ist bestrebt, sich seine Angehörigen als Helfer zu erhalten. Solange Sie sich weiter um ihn kümmern und ihm Leidensdruck wegnehmen, braucht er sich nicht zu ändern."

„Das habe ich ihm ja auch gesagt, aber da schaltet er einfach auf Durchzug und fängt wieder mit seinen Vorwürfen an."

„Das kann ich Ihrem Mann noch nicht einmal verdenken. Es ist doch klar, daß er unangenehme Dinge nicht gern hört. Da hilft nur handeln und ihm klare Konsequenzen aufzeigen. Solange Sie nur diskutieren und reden, werden Sie immer wieder verlieren, denn darin ist der Alkoholkranke meist besser. Ich glaube, Sie kommen nicht darum herum, endlich aufzuhören, sich dauernd um Ihren Mann zu kümmern, und stattdessen etwas für sich selber zu tun. Sie müssen sich anders verhalten und nicht nur darüber reden."

100

„Ja schon, aber es geht einfach nicht."

„Worin bestehen Ihre Schwierigkeiten?"

„Ich weiß einfach nicht, ob es recht ist, wenn ich mich so verhalte. Es kommt mir so lieblos vor – so, wie wenn ich ihn verraten würde. Seit wir uns kennen, habe ich mich um ihn gekümmert. Ich weiß nicht, ob Sie mich verstehen. Ich fühle mich einfach für ihn verantwortlich."

„Doch, ich glaube, ich verstehe, was Sie meinen. Viele Angehörige entwickeln Schuldgefühle, wenn es ihrem Partner schlechter geht, nachdem sie sich ihm gegenüber anders als vorher verhalten."

„Ja, so ist es. Sie halten mich vielleicht für dumm nach dem, was mein Mann mir alles antut, aber ich kann einfach nicht anders."

„Ich denke nicht, daß das dumm ist, aber ich denke, daß Ihre Schuldgefühle von einer falschen Einstellung herkommen. Ich nehme an, daß Sie die Einstellung haben, daß Sie für das seelische Wohlbefinden Ihres Mannes verantwortlich sind."

„Ja, genau."

„Diese Einstellung ist falsch. Sehen Sie, es ist Lebensaufgabe eines jeden Menschen selbst, so zu wachsen und zu reifen, daß es ihm seelisch und gefühlsmäßig gut geht. Wer das nicht schafft, fängt irgendwann an zu leiden. Und dieses Leiden ist sehr wichtig für ihn."

„Das verstehe ich nicht ganz."

„Leiden ist wichtig, weil es einem deutlich macht, daß man falsch lebt und das eigene Verhalten nicht richtig ist. Denn dieses Leiden drängt einen dazu, nach einem Ausweg zu suchen. Viele suchen heute einen bequemen Ausweg und fangen an zu trinken. Aber irgendwann merkt man auch beim Trinken, daß es so nicht mehr weitergeht. Und dann muß man nach einem neuen Weg suchen. Wenn das Trinken schlimm genug wird, sucht jeder nach diesem Ausweg. Natürlich braucht er dazu therapeutische Hilfe. Aber die besteht gerade nicht darin, dem Alkoholkranken seinen Leidensdruck wegzunehmen, sondern diesen ihm zu lassen. Denn nur so wird er dazu motiviert, endlich nach einer vernünftigeren Lebenshaltung zu suchen. Genau so ist es auch bei Ihrem Mann. Es ist wichtig, daß er von sich aus darauf kommt, daß er selber etwas tun muß, wenn er sein Alkoholproblem überwinden will. Das ist ganz allein seine Sache. Und da dürfen Sie ihn nicht daran hindern, indem Sie ihm durch ständiges Eingreifen vor den unangenehmen Folgen seines Trinkens das Leiden ersparen wollen. Er braucht es, um sich ändern zu lernen."

„Sie meinen also, daß ich ihm dabei nicht helfen kann?"

„Doch, aber anders, als Sie es bis jetzt getan haben. Nämlich so, daß Sie Ihren Mann endlich sich selbst und seinem Trinken überlassen und ihm die falsche Stütze nehmen, die er in Ihrem Verhalten bis jetzt immer noch hatte. Und dazu ist wichtig, daß Sie zuerst einmal Ihre falsche Einstellung verändern."

„Sie meinen meine Einstellung, daß ich für das Wohlbefinden meines Mannes verantwortlich bin und gerade jetzt, wo es ihm so schlecht geht, mich besonders um ihn kümmern muß?"

„Ja, die meine ich."

„Und wie sieht eine richtige Einstellung aus?"

„Ich will es einmal so sagen: Die Tatsache, daß Sie sich für Ihren Mann verantwortlich fühlen und Sie sich trotz allem noch um ihn kümmern, zeigt doch, daß Sie sich trotz seiner Krankheit noch mit ihm verbunden fühlen."

„Ja, da haben Sie recht."

„Dann sagen Sie ihm das ruhig. Aber sagen Sie ihm auch, daß Sie sein falsches Verhalten nicht mehr mitmachen werden und Sie sich darum auch nicht mehr um sein Ergehen kümmern und Sie auch nicht willens sind, an seinem falschen Verhalten mitzuerkranken. Daß Sie aber warten werden, bis er bereit wird, seine Krankheit zu überwinden, und Sie ihn nicht verlassen und trotzdem zu ihm stehen werden. So, meine ich, sieht richtige Verantwortung für den Partner aus. Denn so geben Sie Ihrem Mann die Möglichkeit zu erkennen, daß er sein Leben selber in die Hand nehmen muß und daß er nur so gesunden kann. Durch ständiges Für-ihn-sorgen kann er nur schwer zu dieser Erkenntnis kommen."

„Ich glaube, das hilft mir weiter. Ich habe immer gedacht ..., aber das kommt wohl von meiner Erziehung her."

„Ich möchte Ihnen noch etwas sagen. Wenn es Ihnen nicht gelingt, sich von dem falschen Helferverhalten zu lösen, werden Sie sich mit der Zeit immer ausgebrannter fühlen und irgendwann nicht mehr können, weil auf diese Weise der Krankheit Alkoholismus einfach nicht beizukommen ist. Und irgendwann hat man dann eine solche Wut, daß man seinem Partner gar nicht mehr helfen will und ihn verläßt. Und das kann den Alkoholkranken dann derart in die Verzweiflung führen, daß er versucht, sich totzutrinken. Und dann ist ihm nur noch schwer zu helfen."

„Um Himmels willen, soweit möchte ich es natürlich nicht kommen lassen."

„Dann wird es wichtig, daß Sie aufhören, sich aus einem falschen Verständnis heraus Schuldgefühle zu machen. Daß Sie anfangen, das Verhalten in die Tat umzusetzen, das Ihrem Mann zwar nicht gefällt, weil es seinen Leidensdruck erhöht, das aber auch die Chance für ihn enthält, endlich zur Besinnung zu kommen. Und zwar zu einem Zeitpunkt, wo er weiß, daß es sich für ihn lohnt aufzuhören, weil Sie noch zu ihm halten."

Glauben Sie, daß meinem Mann noch zu helfen ist?

„Ich bin ganz hoffnungslos, ich glaube nicht, daß mein Mann sich noch ändern kann. Er hat schon so oft versucht, nichts mehr zu trinken; er verspricht es immer wieder, aber er schafft es nicht. Ich glaube, der hat keinen Willen mehr."

„Warum glauben Sie, Ihr Mann habe keinen Willen mehr? Glauben Sie das nur, weil er nicht mit Trinken aufhören kann?"

„Ja natürlich! Die Alkoholiker sind doch alle haltlos und willensschwach. Er weiß doch, wohin das mit seiner Trinkerei führt, und müßte endlich den Willen aufbringen, damit aufzuhören. Aber glauben Sie, der schafft das? Der hat nicht die geringste Energie dazu. Wenn ich etwas will, dann schaffe ich es doch auch."

„Ich glaube, daß es bei Ihrem Mann nicht anders ist."

„Soll das heißen, daß er im Grunde gar nicht aufhören will mit Trinken?"

„Im Grunde ja."

„Aber er versucht es doch immer wieder und schafft es nicht."

„Ich glaube, daß auch das ehrlich von Ihrem Mann ist und er nur nicht weiß, daß er in Wirklichkeit gar nicht aufhören will."

„Das müssen Sie mir genauer erklären."

„Darüber, daß Ihr Mann alkoholkrank ist, haben wir schon gesprochen. Jeder Alkoholkranke meint zunächst, seine Krankheit sei das Trinken. Natürlich macht ihn auch das Trinken krank. Aber die eigentliche Krankheit ist eine andere – sie ist, kurz gesagt, seine Unfähigkeit, mit seinen negativen Gefühlen klarzukommen. Sie haben ja schon selbst erklärt, daß Ihr Mann starke Hemmungen hat und er sich darum nicht durchsetzen kann. Daran leidet er in Wirklichkeit. Alkohol ist in Wahrheit nicht die Krankheit, sondern sein Mittel, mit dem er seine wirkliche Krankheit bekämpfen will, also sein Medikament dagegen. Das übersieht man nur mit der Zeit, weil einen Alkohol selbst krank macht. Da aber jeder Alkoholkranke zunächst nur den Alkohol als sein Problem ansieht, versucht er immer nur den Alkohol zu bekämpfen und scheitert damit, weil er sich in Wirklichkeit durch diesen Kampf nur seine dringend benötigte Arznei wegnimmt. Darum kann er auch nicht gewinnen, da er – auch wenn er noch so energievoll kämpft – dadurch nicht gesund wird."

„Sie meinen also, darum kann er gar nicht den Willen haben, wirklich vom Alkohol loszukommen?"

„So ungefähr. Die Zusammenhänge sind noch etwas komplizierter. Wir Menschen bestehen alle aus Verstand und Gefühl. Wenn also die Arznei gegen die Krankheit der Gefühle mit der Zeit die bekannten Nebenwirkungen hat, wie es eben starkes Trinken mit sich bringt, sagt einem der Verstand sehr bald, daß man sein Trinken einschränken oder damit aufhören muß. Aber das ist eine reine Verstandesentscheidung. Und unser Verstand kann leicht sagen, ich darf nicht mehr trinken, ihm tut schließlich nichts weh. Hört der Alkoholkranke aber auf, dann fängt er an zu leiden, weil er eben mit seinen Gefühlsbehinderungen nicht klarkommt und durch sein ständiges Trinken mit der Zeit auch völlig verlernt hat, damit noch klarzukommen. Wer es sich ständig mit einem Medikament – der Alkoholkranke eben mit Alkohol – leicht macht, anstatt sich zu trainieren, mit seinen Lebensschwierigkeiten klarzukommen, verliert immer mehr die Fähigkeit dazu. Wenn man dann aufhört zu trinken, merkt man, daß man sich jetzt noch elender fühlt und einem der Alkohol richtiggehend fehlt."

„Drückt sich das darin aus, daß er immer, wenn er einige Tage lang nichts getrunken hat, unleidlich wird?"

„Ja, genau. Denn in dieser Situation wird ihm deutlich, daß sein Verstand leicht fordern kann: du mußt mit Trinken aufhören – daß aber seine kranken Gefühle schmerzlich nach dem ‚Medikament' Alkohol schreien. Aber da, wo wir gefühlsmäßig etwas ganz stark wollen, verliert der Verstand in der Regel immer. – Nur: von diesem inneren Konflikt weiß der Alkoholkranke zumeist nichts. Das läuft unbewußt ab. Der Alkoholkranke ist fixiert auf den Alkohol als seinen Feind. Diesen will er bekämpfen und besiegen. Darum nimmt er sich immer wieder willensmäßig vor, von seinem Verstand geleitet, nichts mehr zu trinken. Was er nicht weiß und sich auch nicht eingestehen würde, ist, daß er von seinem Gefühl her noch gar nicht aufhören will und kann. Für ihn und auch für Außenstehende sieht das dann so aus, als ob er keinen Willen hätte. In Wirklichkeit hat er so viel Willen wie andere Menschen auch. Die Wahrheit ist aber, was er sich nicht eingestehen kann, daß er in Wirklichkeit trinken will, weil er es braucht. Daran liegt es, daß er zwar vorgibt, nicht mehr trinken zu wollen und sich selbst das auch einredet, daß er das aber nicht in die Tat umsetzen kann, weil es nicht seinem wirklichen Willen entspricht."

„Wenn ich Sie richtig verstanden habe, dann heißt das, er glaubt zwar ehrlich, nichts mehr trinken zu wollen, will aber unbewußt immer noch trinken und kann darum nicht aufhören?"

„Ja, genauso ist es."

„Und Sie glauben, daß man das bei meinem Mann noch ändern kann?"

„Man kann das sicher nicht ändern, aber ich glaube, Ihr Mann kann es noch ändern. Denn die Entscheidung treffen, daß er wirklich nicht mehr trinken will, das kann nur er. Und soweit Sie vorhin über Ihren Mann berichtet haben, nehme ich an, daß er dazu noch durchaus in der Lage ist. – Ich will Ihnen nicht verschweigen, daß es tatsächlich ein ‚Zu spät' geben kann. Manche Alkoholkranke haben ihre Persönlichkeit durch Trinken zerstört. Die Fähigkeit, eine Entscheidung gegen das Trinken zu treffen, bedarf nämlich einer einigermaßen intakten Persönlichkeit, die noch entscheiden kann, daß sie so nicht weitermachen will, daß sie nicht weiter absinken will. Ist dieser Persönlichkeitskern zerstört, können die Betreffenden nicht mehr entscheiden. Dies sind Menschen, die in ihrem Verhalten wie kleine Kinder wirken. Man spürt es ihnen ab, daß sie gar nicht in der Lage sind, eine Entscheidung für sich zu treffen, weil eben kein erwachsenes Fühlen mehr da ist. Zumeist trinken sie nicht mehr viel, weil sie nicht mehr viel vertragen, und auch, weil sie nicht mehr viel brauchen. Sie werden in der Familie mitgeschleppt wie ein kleines Kind."

„Nein, so ist mein Mann Gott sei Dank noch nicht. Aber wie soll es nun weitergehen, daß er es schafft?"

„Ich glaube, das Wichtigste wird sein, daß Sie ihm wieder Vertrauen geben, indem Sie selbst wieder dran glauben, daß er es schaffen kann. Machen Sie ihm Mut und bitten Sie ihn, doch eine fachkundige Beratung aufzusuchen. Wichtig wird sein, daß Sie selbst sich konsequent der Tatsache bewußt sind und auch danach handeln, daß Alkoholismus eine Krankheit ist und Ihr Mann ein Kranker, dem man noch helfen kann. Krankheit in der Familie ist immer schwer, aber man kann lernen, damit umzugehen."

Wie kann ich erkennen, daß mein Mann soweit ist und Hilfe will?

„Ich habe mich bemüht, mich gegenüber meinem Mann anders zu verhalten und nicht mehr die alten Fehler zu machen. Nachdem ich einige Zeit darüber nachgedacht hatte, hat es mir eingeleuchtet, daß ich es ihm viel zu leicht und bequem gemacht habe, immer in der Meinung, er selbst wäre nicht dazu fähig, sich um sich selbst zu kümmern, und ich müßte ihn beschützen. Es ist nicht leicht, jetzt mit ansehen zu müssen, wie er sich immer schlimmer betrinkt und fast daran zugrunde geht, und einfach nichts zu tun. Aber ich will es durchhalten. Ich glaube, ohne die Unterstützung durch die Gruppe hätte ich es nicht geschafft. Aber eines möchte ich noch wissen: Woran kann ich erkennen, wenn er soweit ist und wirklich Hilfe will?"

„Ich kann mir vorstellen, daß es sehr schwer ist, zusehen zu müssen, wie der Partner immer weiter herunterkommt. Und doch ist dies der einzige Weg, der ihn letztlich zur Vernunft bringt. Wenn es soweit ist, werden Sie es merken, weil er dann kapituliert. Lassen Sie sich hier aber nicht täuschen. Manche Alkoholkranken werden scheinbereit. Sie erzählen, daß sie nun bereit wären, sich helfen zu lassen und auch in eine Fachklinik zu gehen. Aber sie haben noch alle möglichen Einwendungen. Vielleicht wollen sie nicht durch eine Beratungsstelle gehen oder sie sind nur bereit, wenn sie sofort wegkommen – wobei sie insgeheim wissen, daß das nicht geht –, und dann klappt es wieder nicht mit einem Termin bei der Beratungsstelle, dann stört sie dies und dann das ... Ich könnte noch sehr vieles aufzählen. All dieses Verhalten zeigt deutlich, daß der Alkoholkranke noch nicht kapituliert hat. Zumeist werden diese Manöver nur gestartet, um den Partner zu beruhigen und einzulullen und angebliche Bereitschaft zu zeigen, damit der Partner wieder zu ‚helfen' anfängt. Ein Alkoholkranker, der am Ende ist und kapituliert hat, stellt keine Bedingungen mehr und ist zu allem bereit. Er möchte nur noch, daß ihm geholfen wird."

„O du liebe Zeit, da steht mir ja noch einiges bevor. Ob mein Mann je kapitulieren wird, wie Sie es nennen?"

„Wenn Sie sich weiter konsequent verhalten und sich immer wieder deutlich machen, daß Sie für seine Krankheit nicht verantwortlich sind, wird es ziemlich sicher dahin kommen. Sie müssen nur fest daran glauben, daß auch in Ihrem Mann tief drinnen der Wunsch sitzt, endlich Hilfe zu bekommen, auch wenn er es nicht zugeben kann. Aber dieser Wunsch wird stärker werden. Und statt sich um ihn zu bemühen wie früher, können Sie Ihre Kraft dazu verwenden, gelassen zu werden und abzuwarten, bis der Wunsch deutlich wird. – Es ist auch wichtig, daß er die Hilfe dann um seiner selbst willen sucht und nicht, um irgend jemandem, vielleicht Ihnen, einen Gefallen zu tun. Das wäre immer noch keine echte Entscheidung. Bei der echten Entscheidung will er für sich aufhören und nichts anderes. Oft kommt diese Entscheidung nach einer schweren Krise ganz plötzlich."

„Und wenn ich dann merke, daß er es ernst meint, kann ich ihm dann wieder helfen . . . ich meine . . . oder soll ich dann immer noch nichts tun und ihn sich selbst überlassen?"

„Natürlich können Sie ihm dann wieder helfen. Jetzt ist es sogar wichtig für Ihren Mann, daß er sich nicht alleingelassen fühlt. Aber es kommt auch jetzt ganz darauf an, daß Sie nichts tun, was er selbst tun muß. Es ist wichtig für die Selbstachtung Ihres Mannes zu fühlen, daß *er* sich entscheidet und Sie ihn nicht drängen. Sagen Sie ihm darum auch nur, daß Sie wissen, wo er Hilfe bekommen kann und wie das etwa aussehen könnte. Achten Sie immer darauf, daß er von sich aus, völlig freiwillig diese Hilfe annehmen will. Er muß sich von sich aus dazu entscheiden, zur Beratungsstelle zu kommen oder in die Gruppe zu gehen. Wenn er Hemmungen hat, dies alleine zu tun, können Sie ihm anbieten, ihn zu begleiten, mehr dürfen Sie nicht tun! Bestehen Sie auch nicht darauf, daß er sich schon als ‚Alkoholiker' bezeichnet. Es genügt, wenn er bereit ist, sich wegen seiner Trinkprobleme in Beratung zu begeben. Daß er alkoholkrank ist, wird er nach fachkundiger Beratung bald von selbst erkennen. Traktieren Sie ihn auch nie damit, daß er fort muß in eine Kur. Wenn er erkennt und begriffen hat, wie es um ihn steht, wird er selbst wissen, was er braucht – ganz abgesehen davon, daß eventuell auch eine ambulante Behandlung möglich wird. Nicht Sie und nicht ich können für Ihren Mann entscheiden, was er tun muß. Ich kann ihn bestenfalls beraten und ihm empfehlen, was nach meiner Meinung nötig ist. Entscheiden muß er selbst."

„Wenn ich ihm nur dabei helfen könnte, daß es bald soweit ist! Sie glauben nicht, wie ich diesen Tag herbeisehne."

„Sie können ihm schon helfen, indem Sie ihn nach wie vor lieben und ihn verstehen, auch wenn es Ihnen manchmal schwerfällt, und wenn Sie sich konsequent davor hüten, wieder nachgiebig und verwöhnend zu werden."

Die Mittelpunktrolle des Alkoholkranken

Hinter allen bisherigen Gesprächen wird eine Gemeinsamkeit im Verhalten des Alkoholkranken deutlich, nämlich seine Mittelpunktposition. Obwohl er durch sein Trinkverhalten in sehr negativen Verhaltensweisen lebt, die ihn zunehmend am Arbeitsplatz, im Freundeskreis und natürlich in der Familie unmöglich machen, steht er trotzdem im Mittelpunkt des Geschehens, um den sich alles dreht. Die meisten Angehörigen bemerken das gar nicht mehr. Im Laufe der Zeit hat es sich so ergeben, und die Familie hat sich immer mehr auf den Alkoholkranken ausgerichtet und ihr Verhalten auf ihn eingestellt. Das heißt aber, daß die Familie sich nicht normal entwickelt hat, sondern in den Krankheitsprozeß des Alkoholkranken mit hineingeraten, sie also auch krank geworden ist, indem immer mehr unnormale Verhaltensweisen der Familienmitglieder überhandnahmen. Dieser Krankheitsprozeß kann so weit gehen, daß Familienmitglieder selbst fachärztliche Behandlung aufsuchen müssen, oder spätestens dann, wenn die Kinder selbständig geworden sind, die Familie total auseinanderfällt. Doch das alles muß nicht so sein!

Betrachten wir zunächst wieder den Alkoholkranken. Da die Krankheit Alkoholismus auch von einer ganzen Menge an Minderwertigkeitsgefühlen, Gefühlen des Unbedeutendseins und Unbeachtetseins verursacht und gespeist wird, ist die Mittelpunktrolle, die der Alkoholkranke spielt, für ihn natürlich sehr wichtig. Dabei ist es unwichtig, ob er diese Rolle bewußt anstrebt oder, was sehr viel wahrscheinlicher ist, ob er unbewußt in sie hineingerät. Jedenfalls nimmt er irgendwann diese Position wahr und klammert sich von da an daran fest. Zu der Erleichterung, die ihm Alkoholtrinken in seinen vielfältigen Schwierigkeiten bringt, kommt nun auch noch – wie ein unverhofftes Geschenk – eine Rolle, in der sich endlich einmal alles um ihn dreht. Das gibt ihm in aller Schwäche ein enormes Machtgefühl, auf das er nicht mehr ohne weiteres zu verzichten bereit ist. Das zeigt sich auch daran, daß der Alkoholkranke sich mit aller Kraft dagegen sträubt, in eine Behandlung zu gehen. Denn unbewußt spürt er, daß er dann diese Mittelpunktposition aufgeben muß und er alles, was ihm bisher geholfen hat, verliert. Wer will es ihm verdenken?

Hier liegt jedoch die Chance des Angehörigen. Er kann nämlich durch sein Verhalten dazu beitragen, daß der Alkoholkranke seine negative Mittelpunktrolle verliert. Ganz einfach dadurch, daß er nicht mehr mitspielt. Wenn der Angehörige aufhört, sein eigenes Verhalten nach dem des Alkoholkranken auszurichten, ändert sich bald etwas. Das heißt natürlich, der Angehörige hört damit auf, sich um den Alkoholkranken zu kümmern, und fängt stattdessen an, sich um sich selbst zu kümmern. Je mehr es ihm gelingt, den Alkoholkranken mit seinem negativen Verhalten zu ignorieren und links liegen zu lassen, desto schneller gerät dieser aus dem Mittelpunkt des Interesses. Und desto schneller wird er damit auf sich und seine Krankheit zurückgeworfen. Jetzt ist sie keine interessante Krankheit mehr, mit der man eine ganze Menge an Beachtung erreichen kann, sondern jetzt bringt sie ihm immer mehr Leiden ein.

Natürlich wird der Alkoholkranke sich dies nicht so einfach gefallen lassen. Er wird sich dagegen wehren. Und aus der Vergangenheit weiß er sehr genau, wie er seinen Partner immer wieder rumkriegen kann. Es erfordert darum vom Angehörigen sehr viel Kraft und Konsequenz, sich in der neuen Haltung nicht mehr beirren zu lassen. Dies geht sicher nicht ohne Rückfälle ins alte Verhalten, aber dieses neue Verhalten führt mit hoher Wahrscheinlichkeit zum Erfolg, wenn es weiterpraktiziert wird.

Viel Hilfe in dieser Richtung kann der Angehörige in einer Angehörigengruppe bekommen – oder zumindest in Beratungsgesprächen einer Beratungsstelle. In diesen Gesprächen kann er seine Haltung immer wieder überprüfen und feststellen, wo er sich schon wieder um den Alkoholkranken zu drehen anfängt. Er kann lernen, wie es aussieht, sich wieder um sich selbst (und natürlich um die Kinder) zu kümmern. Er kann seine eigenen Interessen, die so lange verschüttet waren, wieder entdecken und wird ermutigt, sie auch zu verwirklichen. Vor allem findet er die Möglichkeit, mit anderen über seine eigene Not zu sprechen.

Der Angehörige kann akzeptieren lernen, daß der Alkoholiker krank ist und deshalb trinkt und er als Angehöriger daran nichts ändern kann. Er wird jedoch die überaschende Beobachtung machen, daß der Alkoholkranke, wenn er spürt, er interessiert nun nicht mehr, sich auch ändert.

Bringt seine Krankheit dem Alkoholkranken keinen Gewinn mehr, tritt das Leiden an der Krankheit in den Vordergrund. Und Leiden ist noch bei jeder Krankheit die Triebkraft, die in eine Behandlung führt.

Ein Alkoholkranker, der die Möglichkeit hat, echt zu erleben, daß ihn sein Trinken immer mehr von allen isoliert, wird bald den Wunsch haben, vom Trinken loszukommen. Das ist vielfältig bewiesen. Die Meinung „Meinen Mann oder meine Frau wird das nicht beeindrucken" gilt so lange nicht, wie nicht zuerst konsequent ausprobiert wurde, den Alkoholkranken aus dem Mittelpunkt zu rücken. Und auch bei den wenigen Alkoholkranken, die trotzdem stur bleiben und lieber kaputtgehen als aufzuhören, hilft dieses Verhalten auf jeden Fall dem Angehörigen, besser mit sich (und den Kindern) zurechtzukommen.

Überraschenderweise kommt jedoch gerade an diesem Punkt, wo es darum geht, daß der Angehörige sein Verhalten ändert, der meiste Widerstand von seiten des Angehörigen. Viele Ängste werden plötzlich wach und sicher auch die berechtigte Empörung: „Aber *ich* habe doch nicht getrunken!" Immer wieder wird in Gesprächen deutlich, daß der Angehörige zwar große Not leidet und er dringend möchte, daß der Alkoholkranke etwas tut oder daß irgend jemand etwas unternimmt, damit der Alkoholkranke etwas tut, er selbst jedoch nicht bereit ist, an seinem eigenen Verhalten etwas zu ändern.

Was auch immer der Grund dafür ist: Jeder Angehörige muß sich darüber im klaren sein, daß sich so lange nichts ändern wird, wie er bei sich selbst nicht dazu bereit ist. Sicher trägt die Krankheit selbst dazu bei, daß der Alkoholkranke mit den Jahren – unabhängig vom Angehörigen – so weit kommt, aufhören zu wollen. Die Frage ist nur, ob er es dann noch kann. Dieser Weg kann für den Alkoholkranken tödlich sein, in der Regel hat sich die Familie schon lange vorher aufgelöst.

Es ist darum in jedem Fall sinnvoller und menschlicher, rechtzeitig etwas zu unternehmen. Der Angehörige hat bei aller scheinbaren Hilflosigkeit und seinem der Krankheit Ausgeliefertsein eine Menge Möglichkeiten. Doch diese setzen voraus, daß er bereit wird, nicht mehr so wie bisher weiterzumachen, sondern sein Verhalten zu ändern. Wer nicht selbst bereit ist, etwas zu tun, kann nicht erwarten, daß der Alkoholkranke etwas tut.

Thesenartige Zusammenfassung der Gespräche: Was Sie als Angehöriger tun und lassen sollten

Wenn Sie erreichen wollen, daß Ihr alkoholkranker Partner etwas an seinem Trinken ändert, müssen auch Sie als Angehöriger sich ändern. Sie müssen Ihr Verhalten und Ihre Einstellung ändern und bereit sein, an der Gesundheit Ihres Partner aktiv mitzuwirken.

1. Seien Sie sich bewußt, daß Sie am Trinken Ihres Partners nichts ändern können

Geben Sie sich darum keine Mühe, ihn vom Alkohol wegzubringen. Es ist zwecklos. Er kann nicht anders. Hören Sie deshalb auf, gegen das Trinken Ihres Partners anzukämpfen. Sie sind machtlos dagegen, weil sein Trinken nur ein Symptom einer tiefgreifenden Störung ist.

Hören Sie endlich damit auf, Ihren Partner kontrollieren zu wollen, und verbieten Sie ihm das Trinken nicht. Dies führt nur zu einer Trotzhaltung bei ihm und schafft unnötige Spannungen. Er wird erst recht trinken.

Schütten Sie darum auch keinen Alkohol weg. Trinken Sie auch nicht mit. Es nützt alles nichts.

Drohen Sie ihm auch nicht mit Scheidung, wenn Sie damit nicht ernst machen wollen.

Mit Druck können Sie bestenfalls erreichen, daß er zeitweilig mit Trinken aufhört oder gar in Behandlung geht – nicht aber, daß er sich auch behandeln läßt. Und damit ist der Rückfall vorprogrammiert.

Nehmen Sie es als Tatsache hin, daß Ihr Partner trinken muß. Verachten Sie ihn deshalb nicht. Das tut er selbst. Machen Sie sich und ihm stattdessen bewußt, daß er krank ist und etwas gegen diese Krankheit tun kann.

2. Tolerieren Sie jedoch das Trinken Ihres Partners nicht

Geben Sie ihm immer wieder deutlich zu verstehen, daß es Ihnen nicht gleichgültig ist, wenn er trinkt. Sagen Sie ihm ruhig, daß – wenn er meint, das Trinken nicht lassen zu können – er es dann eben tun müsse. Aber er solle dann auch nicht erwarten, daß Sie wieder in Ordnung bringen, was er dabei anrichtet.

Hören Sie unbedingt damit auf, für Ihren Partner etwas zu tun, wenn er stur bleibt. Kümmern Sie sich dann nicht mehr um ihn. Gehen Sie dann Ihre eigenen Wege. Versuchen Sie jedoch dabei, so gut es geht, sich vor den Trinkfolgen Ihres Partners zu schützen. Besorgen Sie ihm auch keinen Alkohol mehr – nicht aus Mitleid, nicht aus Bequemlichkeit und nicht aus Angst. Sagen Sie ihm ruhig, daß ihn der Alkohol zugrunde richtet und daß Sie dabei nicht mithelfen würden. Wenn er sich unbedingt weiter schaden wolle, dann müsse er sich den Alkohol dazu auch selbst besorgen.

3. Ignorieren Sie sein Trinken

Beachten Sie sein betrunkenes Verhalten nicht mehr, und hören Sie auf, auf den alkoholkranken Partner zu starren wie ein hypnotisiertes Kaninchen auf die Schlange.

Hören Sie auf jeden Fall damit auf, Opfer zu spielen und sich tyrannisieren zu lassen. Sie lähmen damit nur sich selbst und messen dem Alkoholismus Ihres Partners eine unangebrachte Wichtigkeit bei. Verhalten Sie sich besser so, daß Ihr Partner durch sein Trinken nicht mehr im Mittelpunkt des Familieninteresses steht.

Hören Sie darum auch auf, nach versteckten Flaschen zu suchen. Das artet nur zu einem Spiel aus, das jeder unbedingt gewinnen zu müssen glaubt. Versuchen Sie stattdessen lieber herauszufinden, warum Ihr Partner Flaschen verstecken muß.

Streiten Sie sich auch nicht mit Ihrem Partner wegen des Trinkens, sonst findet er in Ihnen nur einen bequemen Blitzableiter, an dem er alle seine Schuldgefühle abführen kann. Streiten entlastet ihn nur.

Identifizieren Sie sich auch nicht mit seinen Vorwürfen – selbst wenn er Sie der Untreue verdächtigt. Es sind alles nur Versuche seinerseits, seine Schuldgefühle abzuwälzen.

Stoßen Sie sich auch nicht an seinen Lügen und tadeln Sie ihn nicht dafür. Versuchen Sie auch hier wieder zu verstehen, warum er lügen muß.

Und vor allem: Hören Sie damit auf, Ihren Partner zu verwöhnen und ihn zu behandeln wie ein hilfloses Kind, dem man helfen muß, weil Sie meinen, er wäre unfähig, für sich selbst zu entscheiden. Lassen Sie sich das auch von niemandem einreden und ihn so zu einem hilflosen Objekt von Hilfe werden. Sie unterstützen damit nur seine Krankheit und sein Trinken.

Fangen Sie lieber damit an, Leidensdruck bei ihm entstehen zu lassen, indem Sie ihm nicht mehr helfen, das in Ordnung zu bringen, was er angerichtet hat. Lassen Sie ihn ruhig die Folgen seines Trinkens spüren und bedenken Sie, daß er eine Krise braucht, um mit seinem Trinken aufhören zu wollen.

Beachten Sie jedoch dabei, daß Ihr Partner nicht in die Sündenbockposition innerhalb der Familie gerät. Bleiben Sie sich im klaren darüber, daß er krank ist.

4. Bedenken Sie bei allem, was geschieht, daß Sie letzten Endes nur für sich selbst etwas tun können

Fangen Sie damit an, bei sich selbst etwas zu verändern. Verändern Sie Ihr Verhalten so, daß Ihr alkoholkranker Partner begreifen kann und muß, daß *er* etwas tun muß, wenn er vom Alkohol loskommen will, und wie wichtig es Ihnen ist, daß er das will.

Lassen Sie es zu, daß er durch die Folgen seines Trinkens von sich aus darauf kommen kann, daß es so wie bisher nicht weitergehen darf.

Machen Sie ihm durch Ihr Verhalten immer wieder klar, daß das Trinken *seine* Krankheit und *sein* Problem ist und nicht Ihres und daß er sich darum gefälligst selbst zu kümmern hat. Machen Sie ihm dabei Mut, daß er es schaffen kann, und raten Sie ihm immer wieder, eine Beratungsstelle oder eine Abstinenzgruppe – zum Beispiel das Blaue Kreuz aufzusuchen.

Vielleicht werden Sie nun einwenden: Das ist alles einfach gesagt und schwer getan. Aber vielleicht ist alles gar nicht so schwer, wie Sie es sich im ersten Moment vorstellen. Es erfordert lediglich ein Umdenken. Wenn Sie erst einmal die ersten Versuche in die neue Richtung hinter sich haben, werden Sie feststellen, daß es leichter geht, als Sie dachten. Viele Angehörige vor Ihnen haben es schon versucht und gute Erfahrungen damit gemacht.

Und letztendlich gilt auch für Sie: Suchen Sie eine Beratungsstelle oder eine Abstinenzgruppe auf. Dort erhalten Sie Unterstützung. Und denken Sie immer daran: Ihre Verhaltensänderung wird Ihren Partner auf längere Sicht nicht unbeeinflußt lassen.

Viele Alkoholkranke sind durch die richtige Mitarbeit des Partners wieder gesund geworden!

Noch einige Gedanken zum Schluß

So sachlich die Gespräche dargestellt wurden, so sehr steht hinter ihnen eine zutiefst christliche Grundhaltung, nämlich von der Annahme des Menschen durch Gott. Die Liebe Gottes zu uns Menschen darf nicht mit einer oft falsch verstandenen „christlichen Liebe" verwechselt werden, die kritiklos jedes Verhalten des anderen hinnimmt, dieses „in Liebe" durchgehen läßt und dadurch häufig falsches Verhalten sich verfestigen hilft, anstatt zu überwinden.

Jesus selbst kann uns ein Beispiel dafür geben:

In Markus 10, 17-23 wird uns die Geschichte vom „Reichen Jüngling" erzählt. Als Jesus die Aufgabe seines Reichtums von ihm fordert, heißt es, daß der junge Mann das nicht fertigbrachte und traurig davonging.

Stellen wir uns vor, dieser junge Mann wäre ein Alkoholkranker gewesen. Jesus hätte von ihm gefordert, sein Trinken aufzugeben; und der junge Mann wäre ebenfalls traurig davongegangen.

Das Verblüffende an Jesu Verhalten ist doch, daß er dem jungen Mann nicht nachgeht, keinen Hausbesuch macht, und ihn nicht zu überreden versucht. Jesus läßt ihn! Dabei geht es in der biblischen Geschichte um das ewige Leben – und das bei einem Menschen, von dem es heißt, daß Jesus ihn liebte.

Auch beim Alkoholkranken geht es um das ewige Leben, aber zunächst einmal um sein irdisches Leben. Trotzdem meinen wir oft, mehr tun zu müssen als Jesus selbst!

So schmerzlich es oft sein mag, einen Menschen laufen zu lassen, so sehr macht das Verhalten Jesu doch auch deutlich, wie sehr er jedem Menschen seine Würde läßt.

Diese kann darin bestehen, daß er seinen eigenen Weg sucht und geht.

Jesus gängelt nicht, bedrängt nicht, vergewaltigt nicht, er wirbt in Liebe um uns und kann es ertragen, wenn wir sein Angebot ablehnen. Dieses Angebot macht er an Beispielen vielfältig deutlich:

Grundsätzlich ist er für jeden Menschen da und zur Vergebung bereit. Denn nur durch Vergebung wird neues Leben möglich. Hier können wir von Jesus lernen. Einen Menschen seinen eigenen Weg gehen lassen, auch wenn es ein Irrweg ist, erscheint oft lieblos. Viele Angehörige haben deswegen Schuldgefühle. Aber für manche Menschen ist ein Irrweg oft nötig, um zur Besinnung zu kommen. Die Aussage von trockenen Alkoholikern daß sie „froh" sind, alkoholkrank geworden zu sein, weil diese Krankheit sie gezwungen hat, ihr Leben neu zu überdenken und zu gestalten, kann zeigen, wie wichtig es oft ist, auch negative Erfahrungen zu machen.

Je eher Angehörige die Kraft finden, den Alkoholkranken loszulassen, damit er seine eigenen Erfahrungen machen kann, desto schneller kann bei ihm diese Erkenntnis reifen.

Übrigens: Loslassen heißt nur, den Alkoholkranken seine persönlichen Erfahrungen machen zu lassen. Wenn er aufgrund dieser neuen Erfahrungen echt nach Hilfe sucht, dann ist es wichtig, daß der Angehörige seine Vergebungsbereitschaft (wieder) deutlich macht und erneut bereit ist, mitzuhelfen, den Heilungsprozeß in Gang zu bringen.

Hans Klein

Literaturverzeichnis

Katz, Fritz u.a.: Alkoholismus – Hilfe ist möglich, Reihe „Helfen und
   Heilen", Band 2, Blaukreuz-Verlag Wuppertal
Rieth, Eberhard: Aber ich bitte Sie, ich habe doch nicht getrunken,
   Blaukreuz-Verlag Bern
Ruthe, Reinhold: Alkohol in Ehe und Familie, Reihe „bk-information",
   Heft 11, Blaukreuz-Verlag Wuppertal
Sandmann, Gertrud: Merkblatt für Angehörige Alkoholkranker,
   Hoheneck-Verlag Hamm
Schmidt, Hans-Günter (Hrsg.): Muß der Alkohol euch scheiden?,
   Neuland-Verlagsgesellschaft Hamburg
Steffen, Luis; Neuendorff, Jürgen: Al Anon: Selbsthilfe für Angehörige
   von Alkoholkranken – Fischer Taschenbuch 3361, 1985
Strieder, Franz: Loslassen – Gedanken zum Leben mit Abhängigen,
   Herausg.: Fachklinik Bad Tönisstein
Weber, Alexander: Laufen als Behandlungsmethode – eine experimen-
   telle Untersuchung an Alkoholabhängigen in der Klinik, Suchtgefah-
   ren 3/84, Seite 162, Neuland-Verlagsgesellschaft Hamburg
Verschiedene AA-Literatur

Stichwortverzeichnis

Weitere Bücher aus dem Blaukreuz-Verlag Wuppertal und dem Blaukreuz-Verlag Bern

Ernst Rienecker / Sabine Werther
... dann fange ich ein neues Leben an
Geschichte einer Befreiung
3. Auflage, 96 Seiten, Taschenbuch, z. Z. DM 9,80 / sFr. 9,80

In diesem fesselnden Lebensbericht beschreibt der Autor seinen Werdegang und die Umwandlung seines Lebens durch Jesus. Dabei wäre der ehemalige U-Boot-Fahrer an seinem schwersten Kampf, dem Kampf gegen die Alkoholsucht, fast zerbrochen. Er hebt die große Bedeutung der Fürbitte hervor. Dieses Buch ermutigt zu einem alkoholfreien Leben mit Gottes Hilfe.

Robert Gehring
Suchtrezept
Der Kampf eines drogenabhängigen Arztes
2. Auflage, 216 Seiten, Paperback, z. Z. DM 19,80 / sFr. 19,80

Der heute so angesehene Frauenarzt hatte die Hölle hinter sich: einen Selbstmordversuch, Drogen, Alkohol, alle Medikamente, die süchtig machen konnten, Ehe und Praxis ruiniert, für einen Schuß Kokain die für die Kinder angelegte Münzsammlung an einen Dealer verkauft. Wie ist der Farmerssohn und Vietnamkämpfer so weit gekommen? Gibt es noch Hoffnung für einen Drogensüchtigen, dem selbst vier Entziehungskuren nicht helfen konnten?

Eberhard Rieth
alkoholkrank?
Eine Einführung in die Probleme des Alkoholismus für Betroffene, Angehörige und Helfer
11. Auflage
172 Seiten, Paperback, Illustrationen, z. Z. DM 19,80 / sFr. 19,80

Alkoholismus – Krankheit oder moralisches Versagen? Ist Alkoholismus erblich? Können Alkoholiker geheilt werden? Haben religiöse Fragen eine Bedeutung für die Heilung des Alkoholkranken? Allgemeinverständlich werden Ursachen und Verlauf süchtigen Verhaltens aufgezeigt und Hilfen zum besseren Verständnis des Suchtkranken gegeben. Das Buch zeigt Wege zur Gesundung des Alkoholkranken und leitet Helfer und Angehörige zu neuer Partnerschaft an.

Weitere Bücher aus dem Blaukreuz-Verlag Wuppertal und dem Blaukreuz-Verlag Bern

Bill Blackburn
Was Sie über Selbstmord wissen sollten
Kann Suizid verhindert werden?
Praktische Ratschläge eines erfahrenen Seelsorgers
2. Auflage, 160 Seiten, Paperback, z. Z. DM 18,80 / sFr. 18,80

Warum nehmen sich viele Menschen das Leben? Kann Suizid verhindert werden? Auf welche Anzeichen wäre zu achten? Der erfahrene Autor vermittelt Praxisansätze, um Selbstmordgefährdeten möglichst frühzeitig zu helfen. Er setzt sich auch mit verbreiteten, aber unzutreffenden Meinungen auseinander wie z. B.: Wer darüber spricht, tut's doch nicht; jeder Versuch zu helfen ist zwecklos; Selbstmord ist die Sünde, die nicht vergeben werden kann. In allgemeinverständlicher Sprache ist das Buch ein nützlicher Ratgeber für jeden, der Ratsuchenden und Gefährdeten helfen will.

Karl Lask
Der Kuß der Selene
Frauen von Alkoholabhängigen machen Mut
2. Aufl., 128 S., Paperb., Illustrationen, z. Z. DM 17,80 / sFr. 17,80

„Ach, was müssen Sie glücklich sein, daß Ihr Mann nicht mehr trinkt!" ist nur zu oft eine irrige Annahme. Denn trotz der Abstinenz des Partners kann es handfeste Probleme geben, die der Bearbeitung bedürfen. Die ergreifenden Berichte sind insbesondere dadurch wertvoll und hilfreich, daß sie aus dem persönlichen Erleben aufzeigen, wie diese Nöte überwunden werden können.

Hans Klein
Sie trinken jetzt nicht mehr, aber ...
Beratungsgespräche mit Angehörigen von ehemals Alkoholabhängigen
2. Auflage, 152 Seiten, Paperback, z. Z. DM 18,80 / sFr. 18,80

Ist ein Alkoholiker „trocken" geworden und lebt jetzt alkoholfrei, sind damit noch längst nicht alle Probleme des Alkoholismus für ihn und seine Angehörigen gelöst. Die Praxis beweist: Oft sind Angehörige in der Zeit danach genauso hilflos wie während der Trinkphase. Die hier vorliegenden Gespräche wollen verständnisvoll Rat und Hilfe bieten.